Transformer l'entreprise

En relevant le défi de la performance humaine et soutenable

Groupe Eyrolles
61, bd Saint-Germain
75240 Paris Cedex 05

www.editions-eyrolles.com

Des mêmes auteurs

Laurent Oddoux, *Les cinq dimensions du stress, Agir contre le stress fléau, préserver le stress énergie*, InterEditions, 2011.

Laurent Oddoux, *Faire réussir les acteurs clés de l'entreprise*, InterEditions, 2016.

Marie-Pascale Martorell, *Coacher grâce aux neurosciences,* Studyrama, 2016.

Pascale Vénara dans le livre de Michel Delbrouck, *Comment traiter le burn-out ? Principes de prise en charge du syndrome d'épuisement professionnel*, De Boeck, 2011.

© Groupe Eyrolles, 2017
ISBN : 978-2-212-56595-9

Laurent Oddoux
et
Anne-Sophie Colemont,
Marie-Pascale Martorell,
Pascale Vénara.

Transformer l'entreprise

En relevant le défi de la performance humaine et soutenable

EYROLLES

PRÉFACE

Depuis plus de dix ans, nous accompagnons, au sein du cabinet Trajectives, des organisations qui ont choisi d'engager des transformations pour créer de nouvelles façons de travailler ensemble, agiles et confiantes dans leur capacité à rebondir et à imaginer leur futur, conscientes aussi du courage que cela requiert. Elles inspirent les collaborateurs, les jeunes générations qui demandent du sens, de l'autonomie, et surtout une qualité relationnelle donnant le sourire et l'envie.

En rejoignant Laurent Oddoux dans l'écriture de ce livre, nous avons éprouvé le plaisir de partager avec vous notre conviction que le capital humain devient à la fois la re-source et la première richesse à préserver et faire fructifier. Vous verrez comment l'intelligence émotionnelle et relationnelle vient servir l'intelligence collective. Vous pourrez constater la puissance du travail collaboratif en vous appuyant sur la confiance, les émotions, les besoins et les envies de chacun. Vous vous laisserez surprendre par des exemples de résultats qui dépassent largement les attentes.

Tout au long de ces pages, nous avons été animés par la volonté de vous transmettre notre expérience, ce que nous avons co-créé avec nos clients, imaginé avec eux et pour eux. Ce que nous dévoilons est le fruit de moments empreints de vulnérabilité et d'audace.

Pour faciliter la lecture de cet ouvrage, nous proposons des repères, des clés de lecture ordonnées et des modes opératoires accessibles. Non pas pour révolutionner le monde de demain, mais pour que vous, dirigeants et managers, puissiez agir dès aujourd'hui dans votre environnement actuel.

C'est à vous maintenant de lire, de choisir et d'expérimenter… avec, nous l'espérons de la joie et de surprenantes découvertes lors de ce voyage au pays de la Transformation.

Anne-Sophie Colemont
Marie-Pascale Martorell
Pascale Vénara

DONNER UNE DIMENSION HUMAINE À LA PERFORMANCE

Avouons-le discrètement : « mettre l'humain au cœur du système », selon l'expression consacrée, « Ressources humaines », selon une autre terminologie communément admise, autant de concepts généreux mais que vous, les managers, nous les coachs, voyons finalement assez peu dans la réalité quotidienne.

Certes, de nombreuses tentatives, et certaines fructueuses, permettent d'améliorer la qualité de vie au travail et le bien-être des collaborateurs. Des DRH ont marqué leur engagement en renommant leur titre *chief happiness officer* ou *happy team leader*. Mais le spectre des résultats, l'impératif d'une performance à l'échelle locale comme internationale viennent très souvent malmener ces préoccupations humanistes.

Dans ce livre, nous avons la volonté de vous apporter des éclairages et des outils pour que vous puissiez inventer votre façon de maintenir la performance dans la durée. Et nous partons du postulat qu'il s'agit de créer une boucle vertueuse entre confiance et performance. N'est-ce pas là votre défi quotidien ?

Que vous soyez dans un grand groupe, une PME ou une start-up, une entreprise traditionnelle ou dite « libérée », votre chiffre d'affaires, Comex ou Codir attend de vous une présence et une réactivité à la fois dans l'opérationnel et dans les enjeux de transformation stratégique. Face à cette attente, quel que soit votre niveau managérial ou votre champ d'intervention, vous pouvez parfois vous sentir impuissant à agir avec les moyens mis à votre disposition. Vous aimeriez disposer de plus grandes marges de manœuvre pour choisir ou décider. Vous devez aussi veiller à votre équilibre, éviter de vous épuiser ou d'épuiser vos collaborateurs.

Notre intention est de vous aider à trouver, voire retrouver, votre motivation et surtout les moyens pour mener à terme de bons et beaux projets. Vous découvrirez comment développer le potentiel de vos équipes, comment inventer une nouvelle façon de travailler ensemble, d'être ensemble, au service des enjeux du business. C'est-à-dire comment favoriser les contributions individuelles, la construction collaborative d'une organisation inspirée et inspirante, comment cultiver la qualité des liens entre les personnes, les équipes et avec les clients.

Chapitre par chapitre, vous pourrez aborder progressivement et de façon pragmatique notre concept de « performance humaine et soutenable ». Ces trois termes sont les piliers fondateurs de notre pensée et de notre démarche. Nous avons choisi le terme de « performance » pour parler de réussites chiffrées ou encore de la manière dont les résultats sont atteints, tel un acteur ou un danseur qui fournira sur scène une « belle performance ». La notion de « performance humaine » vient souligner notre conviction que mettre l'être humain et les relations humaines au cœur de la transformation est un des défis le plus stratégique. Enfin la notion de « performance soutenable » est celle que nous retiendrons souvent dans ce livre car elle révèle deux enjeux pour les organisations et donc les managers :

> être capable de porter le sens de la performance, poser les convictions (soutenance) ;

> éviter l'« in-soutenable », viser la pérennité en prenant soin de l'écologie des équipes.

La performance soutenable se déploie dans un périmètre délimité par trois repères qui doivent souvent être tenus simultanément et qui font chacun l'objet d'une partie du livre.

> L'axe de la continuation, horizontal, est plutôt centré sur le futur immédiat, le monde du connu (être dans le juste rythme du marché, de l'entreprise, des cycles économiques, mettre en place des plans de route, des indicateurs de pilotage...).

> L'axe de la modification, vertical, est plutôt tourné vers le questionnement, la remise en question du présent pour impacter le futur lointain. C'est le monde de l'inconnu (penser le coup d'après, élaborer une nouvelle vision ou stratégie...).

> L'espace de la transformation qui se trouve à la croisée de la continuation et de la modification est le creuset de l'ajustement optimal. Il demande de différencier ces deux axes pour les faire coexister avec agilité. C'est le monde de l'incertain.

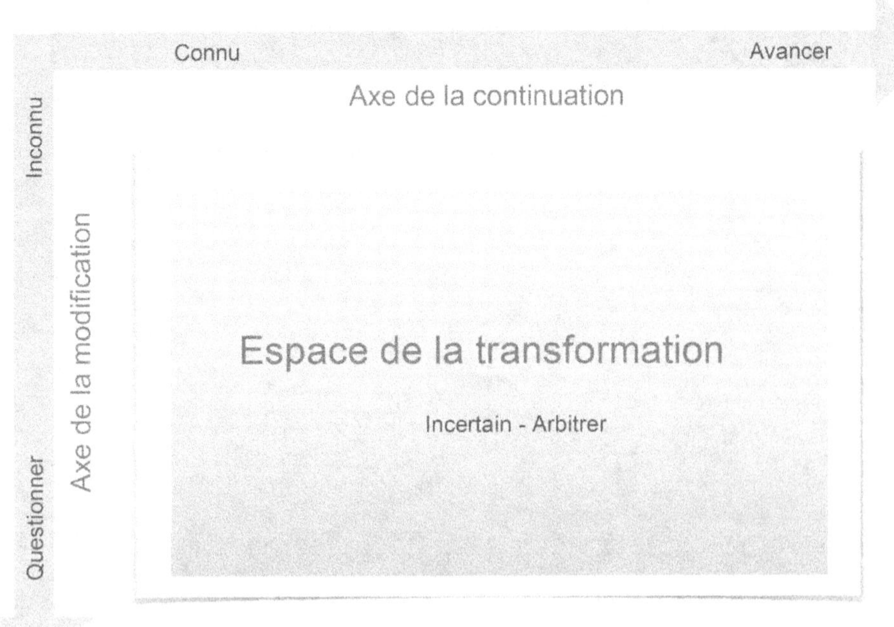

Figure 1

C'est là que se situe toute la complexité de votre fonction. Grâce à cette agilité, la quête de « performance soutenable » devient réaliste. Et c'est pour cela qu'il vous faut prendre soin de vous comme de vos équipes par une écologie de la personne, écologie que nous évoquerons tout au long de cet ouvrage.

Depuis 2005, Trajectives a accompagné plus de soixante-dix équipes dirigeantes dans une vingtaine des groupes nationaux du CAC 40, dans des groupes internationaux et dans de plus petites organisations. Cette expérience nous permet de mieux comprendre la dynamique des équipes dirigeantes et leur impact sur la performance globale de l'entreprise. C'est dans cette aventure que nous vous emmenons...

Partie 1

La performance humaine et soutenable dans le monde de la continuation

Dans son livre[1], Isaac Getz, professeur à l'ESCP Europe à Paris, docteur en psychologie et en management, préconise de « traiter les gens avec grâce afin qu'ils agissent avec audace ».

À savoir

Isaac Getz a largement contribué à faire connaître le concept de l'entreprise libérée auprès des RH et du management. Si ce type d'actualité vous intéresse, retenez son nom, lisez-le et faites-vous un avis. Son thème : l'entreprise libérée repose sur la vision-rêve d'un patron et de collaborateurs proactifs, en autocontrôle autour d'un projet collectif où chacun se sent partie prenante. Une idée clé : L'entreprise est libérée parce que son patron est un libérateur. C'est pour lui — ou pour elle — une démarche de transformation personnelle dans le lâcher-prise tout en étant mandaté, entouré et accompagné pour réussir sa libération.

Plusieurs patrons d'entreprises, notamment en France, ont fait ce pari du changement radical avec succès, souvent à la suite d'une forte crise. Chacune de ces entreprises a inventé un mode d'organisation spécifique, l'entreprise libérée n'est donc pas un modèle mais plutôt une philosophie entrepreneuriale. C'est un concept séduisant car il repose sur l'autonomie individuelle, le travail collaboratif, l'intelligence collective et un cadre favorisant la confiance et les liens.

Nous nous inscrivons dans cette vision et vous décrirons dans la troisième partie de ce livre comment faciliter une profonde transformation, avec circonspection. Et si vous n'êtes pas nécessairement le patron de votre entreprise, vous avez néanmoins à inscrire vos initiatives et vos actes managériaux en tenant compte de son mode de fonctionnement, de sa culture.

Entreprise « du 4ᵉ type », « libérée », « humaniste », « classique », nous pourrions multiplier les qualificatifs et les expressions accolées à cette structure qui nous occupe, l'entreprise. De quoi parlons-nous au juste ? L'étymologie de ce mot indique qu'il s'agit d'un dérivé de *entreprendre*, dans le sens de « prendre entre ses mains » qui, vers le XVᵉ siècle, évolue vers « prendre un risque, relever un défi, oser un objectif ». Et c'est bien de cela qu'il s'agit, prendre des risques, relever des défis, oser viser un objectif.

---

[1] *Liberté & Cie : quand la liberté des salariés fait le succès des entreprises*, Flammarion, « Champs Essai », 2013.

L'entreprise est viscéralement liée à la performance qui lui permet à la fois de se maintenir en vie et aussi de se développer.

Pour ce faire, trois thématiques transverses sont au cœur de votre rôle de manager :
> les différents types de changement que vous avez à mener ;
> les différents types de décision que l'on attend de vous ;
> la manière dont vous incarnez l'autorité.

Vous y serez confronté aussi bien dans l'axe de la continuation que dans celui de la modification ou de la transformation. Que vous soyez focalisé sur votre quotidien (monde du connu), sur l'exploration du futur (monde de l'inconnu) ou sur l'équilibre entre les deux quand vous vous engagez dans la transformation (monde de l'incertain), vous devez comprendre ce qu'est le changement, comment décider et, pour cela, quelle posture d'autorité adopter.

Commençons par la première thématique, piloter la dynamique du changement et de ses résistances afin de mobiliser pour le futur.

Construire à partir du présent pour engager des équipes suppose, en tant que dirigeant ou manager, de connaître les lois des systèmes vivants que sont les organisations et plus particulièrement la loi de l'homéostasie[1].

Cette notion permet de comprendre que les résistances sont souvent des énergies à réorienter.

La gestion du changement, nécessaire à la réalisation d'un projet, demande une compréhension des polarités en jeu :

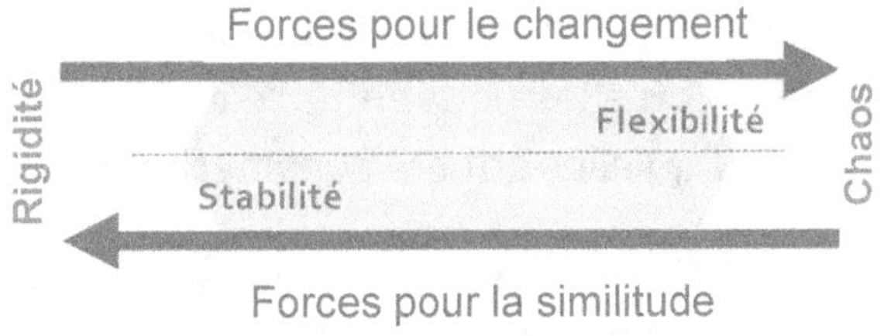

Figure 2

---

[1] L'homéostasie est un terme provenant du monde de la biologie, utilisé aujourd'hui dans les organisations. Il se réfère aux mouvements correcteurs (négatifs et positifs) qu'un organisme ou un système met en place pour revenir à la stabilité et à un état de normalité.

Comme vous pouvez le voir sur la figure 2, deux forces en présence s'opposent : les forces pour le changement et les forces de non-changement.

> *Les forces pour le changement* impliquent toujours de l'information pour la réussite du changement. Autrement dit, le changement peut se produire parce que les acteurs ont des réponses chargées de sens à leurs questions. Ils savent pour quoi ils se mettent en mouvement et s'impliquent, même si ce « pour quoi » correspond à des valeurs différentes pour les uns et les autres (solidarité, réalisation personnelle, loyauté, défi, etc.).

> *Les forces pour la similitude ou le non-changement* sont souvent identifiées par les agents du changement en tant que résistances. Mais la résistance n'est pas une absence d'énergie, c'est une énergie dirigée dans une direction différente. Les résistances ne sont pas juste des freins. Elles ont une fonction utile dans la dynamique du changement car elles mettent au jour les besoins d'un système : besoin de sens, d'information, de compétences ou bien encore les valeurs dissonantes entre les acteurs du changement.

> Par exemple, si vous vous attachez à découvrir quel est le besoin de votre équipe derrière la manifestation de son désaccord ou le besoin d'un collaborateur caché derrière la question qu'il vous pose pour la énième fois, vous aurez un levier puissant pour faciliter l'engagement dans le changement.

Nous verrons à plusieurs reprises l'importance de comprendre la dynamique des résistances, notamment lorsqu'il s'agit de mettre en œuvre des décisions prises dans un environnement incertain. Les résistances ont une fonction utile dans la dynamique du changement. S'il est illusoire d'imaginer que les résistances disparaissent une bonne fois pour toutes, il est réaliste d'imaginer qu'elles peuvent être érodées et retournées en énergie positive une fois qu'elles ont été considérées et traitées.

La seconde thématique transverse concerne deux modèles de décision pour accroître le potentiel d'exécution des décisions prises.

Comment appréhender la difficulté objective de prendre des décisions dans un environnement reconnu par tous comme complexe ? Nous verrons qu'il existe deux grands types de décisions. Le premier demande une capacité à intégrer avec intelligence tous les éléments d'une situation : saisir les opportunités, s'ajuster aux réalités d'un environnement en perpétuel changement tout en préservant les essentiels. Le second type de décision demande plutôt de renoncer à une partie de l'expertise traditionnellement mise au service de la préparation en amont de la décision, de décider plus rapidement et d'investir *a posteriori* de la prise de décision pour faire en sorte que la décision prise soit la bonne. Il s'agit de décider sans la certitude d'avoir pris la « bonne » décision, car celle-ci se construit en chemin.

Enfin la dernière thématique a trait à l'autorité.

Pour clarifier la notion d'autorité, nous la distinguons de deux autres notions qui y sont fréquemment associées, le pouvoir et le charisme.

> Le pouvoir est accordé par les statuts, le titre et les modalités de gouvernance qui l'officialise. Il peut également se prendre. Il donne la légitimité pour l'exercice de l'autorité en accord avec les règles de l'organisation.

> L'autorité, étymologiquement, c'est la capacité de faire grandir (*auctoritas* en latin). Elle est reconnue et accordée à la personne par ceux qui acceptent de s'y soumettre. L'autorité n'est ni imposée par la contrainte, ni négociée de manière démocratique. L'autorité est la possibilité qu'a une personne d'agir sur les autres sans que ces autres réagissent contre elle en retour, alors qu'ils sont capables de le faire.

> Le charisme, c'est le courage d'être, la confiance que l'on inspire de par son alignement entre sa vision et sa capacité à être exemplaire dans ses décisions, ses actes. C'est également la capacité à être aligné avec son humanité, autrement dit sa vulnérabilité et son audace.

Nous avons identifié trois formes de pouvoir qui ont traversé l'histoire et ont accompagné, provoqué les changements de notre société comme celui de nos organisations :
> le pouvoir monarchique : force de stabilité ;
> le pouvoir démocratique : force de nouveauté ;
> le pouvoir autocratique : force d'engagement.

Ces trois formes de pouvoir sont les fondations de la gouvernance, clé pour la performance d'un système. La gouvernance veille à la pondération de ces pouvoirs. Elle définit de manière dynamique l'équilibre entre trois besoins fondamentaux de tout système, équipe ou organisation :
> le besoin de stabilité pour maintenir un certain nombre d'habitudes, de pratiques ou de croyances héritées du passé (axe « continuation ») ;

> le besoin de nouveauté pour constamment explorer ses perspectives d'avenir afin de s'adapter aux changements qui affectent notre environnement (axe « modification ») ;
> le besoin d'engagement pour arbitrer entre une volonté de rupture et une nécessité de permanence (espace de « transformation »).

Ces trois besoins se reflètent dans les trois formes de pouvoir.

Stabilité

Maintenir certaines pratiques et croyances

• Principe monarchique
• Autorité du « père »
• Dimension affective de l'entreprise
Exemples :
normes, procédures, valeurs...

Nouveauté

Explorer l'avenir pour s'adapter au changement

• Principe démocratique
• Autorité du « chef »
• Dimension analytique de l'entreprise
Exemples :
R&D, stratégies, innovations...

Engagement

Décider dans le présent entre stabilité et nouveauté

• Principe autocratique
• Autorité du « maître »
• Dimension relationnelle de l'entreprise
Exemples :
Codir, pilotage...

Figure 3

Au-delà du statut, ces trois formes de pouvoir s'incarnent à travers un type d'autorité associé. Pour insuffler cette performance humaine et soutenable, être dans la position la plus juste possible auprès de vos équipes, vous aurez donc tour à tour à exercer trois styles d'autorité :

> le pouvoir monarchique : l'autorité de type « père » ;
> le pouvoir démocratique : l'autorité de type « chef » ;
> le pouvoir autocratique : l'autorité de type « maître ».

Nous les détaillerons dans chacune des trois premières parties de ce livre. Cette mise en perspective révélera comment la répartition de ces trois pouvoirs colore la gouvernance des organisations. Elle vous permettra de doser subtilement les différents types de pouvoir nécessaires à la vie de votre entreprise dans un environnement en mutation.

Abordons maintenant notre premier chapitre avec les incontournables du management dans la logique de la continuation. En tant que manager, il vous appartient d'entretenir la performance attendue de l'entreprise avec toutes les ressources qui permettent d'assurer les services et les missions courantes (les ventes, la production, toutes les connaissances maîtrisées, organisées…). Nous vous donnerons des clés pour conjuguer la tension omniprésente entre la qualité de vie au travail (QVT) et la performance, comme si vous teniez les deux fils d'un cerf-volant. Nous terminerons l'exploration de cet axe de la continuation par un outil, AILES, pour ne pas brûler vos cartouches dans la course à la performance. Il est destiné à prévenir le *burn-out* et réussir sans que le succès se retourne contre les membres de l'équipe.

Chapitre 1

LES INCONTOURNABLES À L'AUNE DE LA CONTINUATION

Vous expérimentez sûrement au quotidien combien notre monde se réinvente, marqué par l'accélération des changements et les décisions par rupture (rachat, délocalisation, arrêt de projet en cours, par exemple). Pour se repérer, reprenons les deux axes cités dans notre introduction : il y a un temps pour avancer, agir et assurer la production et un autre temps pour se questionner, prendre du recul et apporter un changement profond dans son environnement de travail.

Nous nous situons ici dans ce temps consacré à « avancer » et à maintenir le service qui constitue le cœur de votre activité ainsi que celui de vos équipes. Dans cette optique, vous aurez à tenir compte de trois pratiques managériales : conduire le changement en continu, décider dans le connu et incarner votre autorité pour piloter et réguler les activités.

Conduire le changement en continu

Comme nous l'avons déjà posé, et il nous semble important d'insister, la performance soutenable ne consiste pas à épuiser ses équipes ni ses ressources physiques et mentales avec comme seul objectif d'atteindre le résultat à tout prix. Elle se traduit plutôt dans la capacité à se maintenir dans la durée en s'adaptant et en optimisant les rôles et les compétences complémentaires engagées dans une vision commune. Les méthodes de travail et les comportements efficaces sont alors partagés et adoptés, les singularités et contributions individuelles encouragées, les actions sont conduites dans un sentiment de responsabilité mutuelle et, enfin, les personnes et les actes sont reconnus.

> Le manager encourage à la fois l'autonomie, la créativité de chacun tout en responsabilisant l'équipe sur la façon d'atteindre un objectif commun. Il tient compte des ressources, désirs, besoins de chacun et aussi des réalités du terrain pour que chaque collaborateur trouve sa place et contribue à l'intérêt collectif.

Pour s'adapter en continu, vos collaborateurs ont besoin de repères qui rassurent, de balises garantes d'une stabilité, laquelle contribue à harmoniser le vivant. Parmi ceux-là, la politique des petits pas qui consiste, par exemple, à acter au fur et à mesure de l'avancée dans un projet ce qui est réalisé et réussi.

Nous sommes dans l'univers des processus, des bonnes pratiques, des mesures, de la routine. Il ne faut pas croire que la routine nuit au développement de l'entreprise. Elle est libératrice, au contraire, car, quand tout est bien cadré, on peut se consacrer à autre chose. Ainsi la routine n'est-elle plus enfermement, mais libération. Elle permet d'éviter la dispersion. Elle relève de l'idée du principe de précaution, car des règles claires protègent. La routine telle que nous la posons ici organise le temps pour optimiser les efforts et hiérarchiser les priorités. Elle devient alors un précieux point d'appui.

Pour comprendre comment travailler l'axe de la continuation, nous allons d'abord nous arrêter à la conduite du changement. Nous avons vu, dès l'introduction de ce livre, l'importance de reconnaître les principes de l'homéostasie pour travailler dans le présent et mobiliser les équipes pour s'engager vers le futur. À ce stade, regardons comment vous pouvez utiliser ce même principe d'homéostasie pour soutenir les changements, par une juste reconnaissance des membres de votre ou de vos équipe(s) et par la compréhension de la nature des changements à mener.

LA QUESTION QUE VOUS VOUS POSEZ

« *Finalement, c'est quoi le changement en continu ? Est-ce vraiment utile ?* »

S'il y a une certitude à avoir sur ce qui ne changera pas, c'est bien le changement. Le changement est à la source de la continuité. Pour continuer d'être vivant, un individu, un système, s'ajuste et s'adapte à son environnement.

Sans que nous en soyons conscients, la quasi-totalité de nos cellules se renouvelle en continu. Elles sont en grande majorité plus jeunes que nous ! Un autre exemple dans le champ de l'entreprise : les enseignes de prêt à porter savent que pour fidéliser les clients, elles doivent s'appuyer sur leur volatilité. Elles font remonter en continu, de leur réseau de distribution, les attentes qui y sont exprimées par les consommateurs pour renouveler les collections chaque semaine.

En nous inspirant de « l'approche paradoxale », initiée entre autres par Gregory Bateson et Paul Watzlawick à l'école de Palo Alto dans les années 1950, il est utile de différencier deux types de changement pour vous permettre d'aider vos équipes à ajuster leur posture. Watzlawick distingue deux sortes de changement : le changement d'un élément du système, dit « changement de surface », changement 1 qui ne perturbe pas l'équilibre, et le changement des règles du système, changement 2 qui conduit celui-ci à un nouvel équilibre. Les changements de type 1 s'inscrivent dans la continuation et nous allons les voir ici. Ensuite, nous aborderons les changements de type 2, dans la partie du livre consacrée à l'axe de la modification. Ils agissent en profondeur, génèrent des ruptures ou des innovations et obéissent à des règles différentes.

Les changements de type 1 sont ceux qui permettent de s'ajuster, de s'adapter sans rechercher une modification profonde et en restant dans le connu. Le meilleur outil managérial pour viser cette amélioration constante est le feedback. C'est-à-dire donner un retour sur ce qui est réalisé par vos équipes, partager vos impressions, vos ressentis. Le feedback aide à se rapprocher de la norme, même si cette norme est en amélioration constante. Il va permettre de reconnaître des actions à trois niveaux différents. En effet, quand vous menez des changements de type 1, vous travaillez avec votre équipe sur les trois dynamiques suivantes :

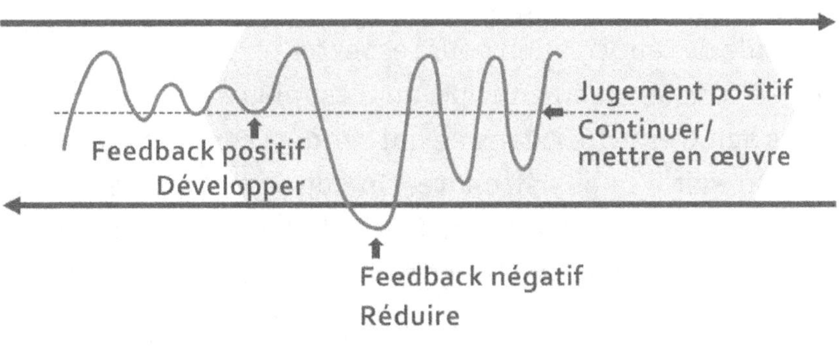

Figure 1.1

21

> **Développer.** C'est ce qui existe déjà et doit croître afin de faciliter et renforcer le changement, en lien avec le présent : faire plus de ce qui est bon. Par exemple, développer la transversalité des informations sur un compte client.

> **Réduire.** C'est ce qui doit diminuer pour faire de la place à la nouveauté, sans rupture avec le présent : faire moins de ce qui est négatif. Par exemple, identifier les relais clés de décision pour diminuer les circuits de décision.

> **Continuer/Mettre en œuvre.** C'est ce qui est bon pour rendre le changement pérenne, ce qui dégage durablement de la valeur ajoutée : une nouvelle organisation, un nouveau système de management, un nouveau business. Par exemple, veiller à bien équilibrer les temps d'information *top down* et les temps de partage au cours d'une réunion mensuelle.

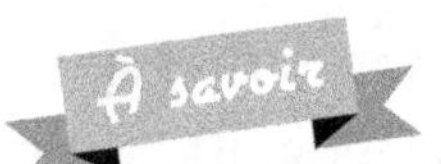

Dans les changements dits de « type 1 », on ne questionne pas la norme. Donc, si c'est la norme qui est à l'origine d'une difficulté occasionnant le besoin de changement, ce type de changement ne règle pas le problème. Par exemple, si les objectifs ou la cible ne sont pas pertinents, les feedback donnés à la personne ou à l'équipe peuvent la conduire à des comportements aberrants ou abusifs.

Lorsque l'on donne un feedback, vérifier si la norme est explicite ou implicite ou si elle change souvent. En effet, si elle n'est pas claire, on risque d'être dans le jugement. Ou, pis, d'être taxé de harcèlement.

Décider dans le monde du connu

En tant que manager, vous devez décider en tenant compte à la fois de ce qui est inconnu mais que vous subodorez, et de ce qui est connu. Le connu présente le grand avantage de libérer l'esprit, d'accorder une liberté de mouvement. C'est cette énergie qui mesure la traçabilité. Nous sommes dans le monde de l'anticipation pour respecter un principe de précaution. Vous nous direz que si l'on anticipe, on n'est plus dans le connu ! Certes, mais ici il s'agit d'anticiper dans ce qui est déjà connu, normé, encadré, routinier. On sait à quoi s'attendre. On sait, comme avec les bonnes pratiques, ce qui est vrai/faux, bon/mauvais, bien/mal, là où l'on se sent à l'aise/pas à l'aise, confortable/inconfortable, etc. C'est en ce sens que la routine bien rodée ne va pas affadir l'ambiance de travail ou démotiver les troupes mais, au contraire, libérer leur énergie car des repères bel et bien identifiés balisent la trajectoire ou le programme de chacun. Rassurés par ces processus d'encadrement, les membres de votre équipe pourront se déployer dans le maintien des opérations.

Erik est directeur d'un service client dont le collaborateur fait face à une nouvelle réclamation client sur un délai de livraison. Erik connaît parfaitement les contraintes de l'usine, les limites mais aussi la souplesse du service logistique et a l'expérience de ce client qui attend souvent le dernier moment pour commander et ainsi participe à une situation de rupture de stock. Fort de ce connu, de cette connaissance, de cette expérience, il pourra soutenir son collaborateur dans la mise en place d'actions visant à travailler efficacement et avec moins de stress (mise en place de stock tampon, anticipation des commandes, renégociation d'un contrat moral avec ce client, etc.).

Le connu a pour rôle de construire, repérer le déjà-vu, fixer les apprentissages et les compétences, gérer les « affaires courantes ». C'est dans ce registre que se construisent nos croyances, nos valeurs et, ainsi, notre identité. « Je sais ce que je sais, je sais ce que je ne sais pas, je fais ce que je sais et je sais ce que je fais. » Sur ce socle repose l'essentiel de nos motivations durables. Ce connu sous-tend la plupart de nos actes et de nos pensées automatiques, et permet de gérer notre stress de façon optimale. Il s'agit d'éviter la dispersion, l'éclatement et d'optimiser les actions. Dans les ressources humaines, on pourrait dire que l'enjeu est d'avoir la bonne personne, au bon endroit, au bon moment.

C'EST À VOUS

Notez ci-dessous ce qui constitue votre quotidien de manager et qui vous est connu. Par exemple : « Ce que je connais ; ce que je dois anticiper et gérer au quotidien pour ne pas me faire de tracas ni être pris au dépourvu. »

Par exemple, vous pourriez noter :
- « Le nombre moyen d'e-mails que j'ai à traiter par jour. »
- « Le cycle de mes réunions. »
- « Le manque d'anticipation de ma hiérarchie. »
- « Les enjeux politiques de la direction financière. »
- « Le cycle de décision du comité de direction. »

À vous maintenant :
- ....
- ....

Vous avez vu plus haut que face à une nouvelle situation il existe des forces de changement et de non-changement. Vous avez vu également les caractéristiques des changements en continu dits « de type 1 ». Il est temps de vous présenter les décisions que nous qualifions de type A qui appartiennent à ce mode du connu. Prendre des décisions de ce type revient à disposer de toutes les informations pertinentes pour prendre la bonne décision et à s'assurer que l'exécution est claire pour chacun. Dans la partie 2 de ce livre, nous verrons les décisions de type B, celles qui appartiennent au monde de l'inconnu, de l'incertain et qui sont d'un autre ordre. Vous vous doutez bien, maintenant que vous êtes familier avec les axes du modèle de performance soutenable, que les décisions de type B seront au cœur des enjeux de la logique de la modification.

Repérer le contexte et donc le type de décision à prendre est un enjeu qui va conditionner la qualité d'exécution des décisions que vous aurez prises.

Les décisions de type A sont les plus fréquentes. Elles représentent les situations où le temps de préparation est suffisamment long pour recueillir la documentation, les avis et réaliser les tests nécessaires pour prendre la décision. Les plans d'actions sont bien étayés. Il reste alors à suivre la mise en œuvre et à exécuter ou coexécuter les tâches prédéfinies.

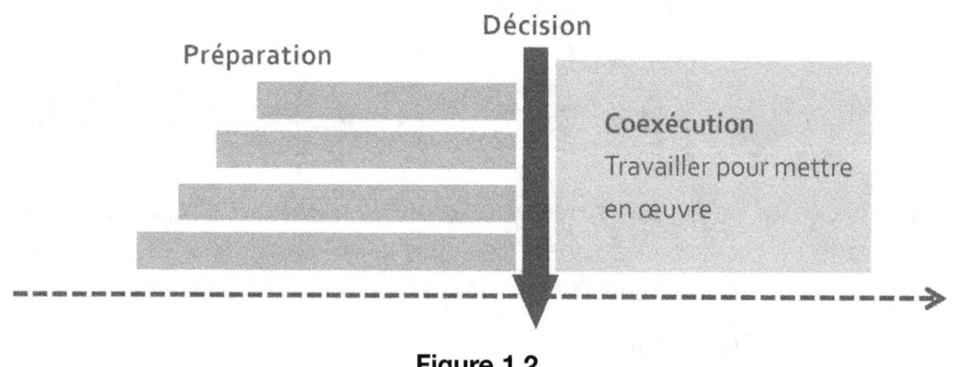

Figure 1.2

La non-exécution peut être prise pour une démonstration de résistance (rappelez-vous nos forces de non-changement) et se régler en expliquant différemment pourquoi et comment la décision a été prise. Si les résistances subsistent, il s'agira de questionner les besoins (en compétences, en temps d'exécution, en soutien par exemple), les facteurs de motivation ou encore, le cas échéant, mettre en œuvre des sanctions.

Dans cet environnement compliqué, il est objectivement difficile non seulement de décider, mais de bien décider. Certaines décisions peuvent être duales, comme choisir entre noir et blanc... Pourtant, bien que nous soyons dans un monde connu, il est possible de choisir en nuançant, comme on nuancerait entre le noir et le blanc par un camaïeu de gris. Par exemple, si vous êtes amené à choisir entre tenir un délai et tenir un critère de qualité, vous savez que les deux peuvent avoir des conséquences sérieuses. Ce choix peut être difficile, compliqué, mais pas complexe. Pour vous aider à bien saisir la nuance, voilà une autre métaphore : il peut être compliqué de trouver son chemin pour arriver à l'heure à un rendez-vous quand des travaux bloquent la route principale et que des encombrements ralentissent les autres axes. Que faites-vous ? Vous cherchez des aides pour étudier les possibilités... C'est compliqué, certes, mais des aides existent : utiliser un itinéraire *bis*, prévenir du retard, commencer la réunion par téléphone, déplacer le rendez-vous...

Tous ces exemples de décisions ont un point commun : elles se prennent dans un contexte de continuité. **Ce sont des décisions de type A.**

C'EST À VOUS

Notez dans ce tableau les décisions de type A que vous devez prendre au quotidien : « Mes décisions dans la journée en général. »

Par exemple, vous pourriez noter :
- « Organiser mes rendez-vous importants et/ou récurrents. »
- « Contacter un prestataire à la suite d'une demande de devis. »
- « Replanifier les étapes d'un projet en fonction des réalisations. »
- « Allouer une enveloppe budgétaire pour renouveler l'équipement du bureau. »
- « Décider du planning du lancement marketing après les tests consommateurs. »
- Etc.

À vous maintenant :
- ....
- ....
- ....

Incarner l'autorité dans le monde du connu

Vous connaissez, en tant que manager, les attentes que vous devez satisfaire : avoir un œil sur les opérations, assurer le service, continuer, avancer, durer et ce… dans un monde qui se réinvente sous vos yeux et ceux de vos équipes. Vous êtes également confronté à des interprétations et des réactions face à la réalité qui ne sont pas toujours alignées. Dans un tel contexte, il vous faut incarner une forme d'autorité et nous écrivons bien, une forme.

Dans l'axe de la continuation exploré dans ce chapitre nous abordons l'autorité de type « père ». Les deux autres types d'autorité seront étudiés en partie 2 et 3, comme nous vous l'annoncions dès l'introduction générale de cet ouvrage.

L'autorité de type « père » permet de poser un cadre de stabilité. Cette autorité représente la garantie du cadre, des valeurs. Elle se veut protectrice. Bien sûr, nous n'entendons pas que vous soyez le père de votre équipe, surtout si vous êtes une femme manager ! Mais, symboliquement, c'est ce registre qui est appelé. Cette forme d'autorité solidifie la routine dont nous vous avons parlé, qui libère l'esprit et tranquillise pour aller d'autant mieux de l'avant que le socle commun est encadré, protégé, validé. Elle agit tel un phare qui sert de repère au bateau dans le mouvement, tempête ou pas, vents contraires ou pas. C'est l'autorité garante de la discipline, de l'application des normes et des règles. Elle permet de limiter les risques, elle pose la sécurité, la sûreté, elle forge une discipline acquise par la répétition.

Il s'agit de l'autorité de la cause historique, de l'auteur, de l'origine et de la source de ce qui est. C'est l'autorité du passé qui se maintient dans le présent par le seul fait de l'inertie. C'est aussi l'autorité de la tradition : le passé est toujours vénérable, y toucher est un sacrilège.

Cette forme d'autorité représente la dimension affective de l'entreprise. C'est pourquoi la négliger serait prendre le risque d'être inhumain. Mais la privilégier en priorité reviendrait à s'immobiliser dans les leçons du passé par excès de prudence. Par exemple, l'autorité de type « père » pourrait freiner le recrutement des personnes par crainte de devoir les garder jusqu'à leur retraite. Ou, à l'inverse, l'absence de conscience de type « père » pourrait vous conduire à recruter facilement, car vous pensez que chaque employé est remplaçable le jour où il n'a plus la compétence requise. Il faut donc placer le curseur au bon endroit. Agir à partir de cette autorité de type « père » pourrait, par exemple, consister à maintenir à un bon niveau l'employabilité de vos collaborateurs. Vous ne les garderez pas toute leur vie (ou toute la vôtre !), mais vous ferez en sorte, le temps où ils sont dans votre équipe, de les former pour qu'ils gagnent en autonomie en vue de leur futur poste. Et quand vous vous séparerez, ce sera pour le bénéfice de chacun, ceux qui partiront auront des compétences valorisées dans leur secteur et vous accueillerez de nouveaux candidats dans la même optique.

Focus

Systèmes complexes et systèmes compliqués

Dans son best-seller, *Reinventing Organizations : vers des communautés de travail inspirées*, Frédéric Laloux écrit : « Les prévisions présentent un intérêt dans un monde compliqué, mais elles ne servent plus à rien dans un monde complexe… Dans les systèmes compliqués, nous pouvons chercher la meilleure solution. Dans les systèmes complexes, nous avons besoin de solutions réalistes et d'itérations fréquentes. »

Chapitre 2

ALLIER QUALITÉ DE VIE AU TRAVAIL ET PERFORMANCE

Au cours du précédent chapitre, nous avons posé les grandes lignes de ce qui qualifie le monde du connu et ce qu'il exige de vous, notamment en termes de prise de décision et d'exercice de l'autorité. À présent, dans cette logique du changement dans la continuation, nous allons voir comment répondre à l'enjeu qui vous attend : combiner la nécessité de performance tout en maintenant un environnement de travail de qualité.

Il y a quelques années, nos clients ont souhaité aller encore plus loin que la prévention ou la maîtrise du stress. Ils voulaient aider les équipes à se réinventer pour réagir à un environnement exigeant et donnant peu de place au repos. Ils recherchaient une façon de continuer à évoluer pour répondre aux attentes de résultats ambitieux et concrets tout en préservant le bien-être au travail. À l'écoute de leur demande nous avons élaboré le modèle que nous vous présentons dans les pages qui suivent.

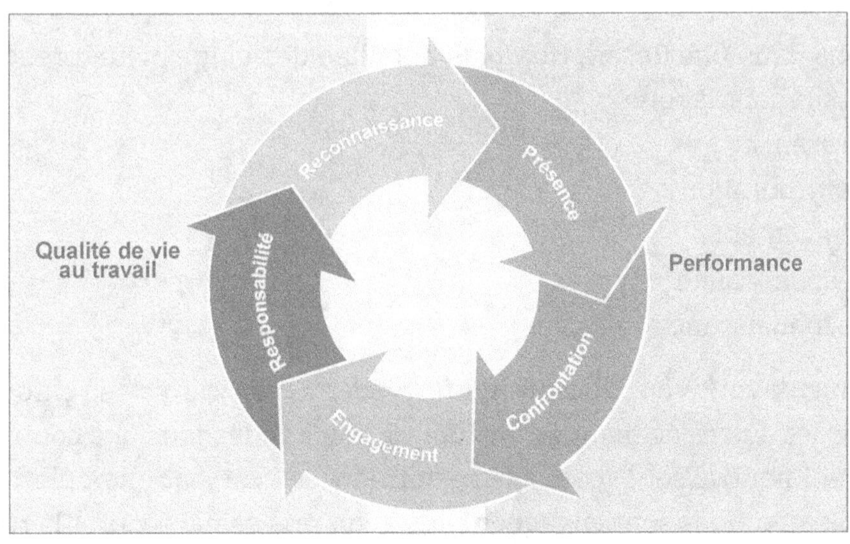

Figure 2.1

Son objectif est de vous aider dans la clarification et la mise en œuvre de ce qui relie deux polarités incontournables et pourtant souvent perçues comme contradictoires : la qualité de vie au travail (QVT) et la performance. Nous sommes convaincus que non seulement elles se servent mutuellement, mais surtout qu'elles sont indissociables l'une de l'autre.

La dynamique de la QVT et la performance comprend cinq enjeux qui exigent chacun des comportements spécifiques. Nous les adoptons sans vraiment en avoir conscience lorsque la dynamique est fluide. Mais, lorsque le mouvement se grippe et que nous perdons confiance, c'est signe qu'il y a de la résistance et qu'il faut introduire du changement pour relancer la dynamique.

Soutenir les équipes dans la continuation

Dans votre rôle de manager, vous pouvez observer un certain nombre de repères pour vous assurer que la performance attendue tant par vous-même que par votre hiérarchie ne se réalise pas au prix d'une dégradation de la QVT. Sans une bonne QVT, la performance risque de devenir « in-soutenable » et de la même façon une QVT sans performance n'a aucun sens.

En entreprise, les espaces de créativité, de prise de décision ou de délégation, les réunions d'équipe, les pilotages de projet, les questions de prévention, les temps de formation, etc. sont autant d'instances où ces cinq enjeux, ensemble ou en partie, concourent à une performance humaine et soutenable.

Entrons dans une description plus détaillée des cinq enjeux présentés ci-dessus dans la roue :
> la présence ;
> la confrontation ;
> l'engagement ;
> la responsabilité ;
> la reconnaissance.

Ces enjeux vont vous solliciter différemment, soit car ils se renforcent les uns les autres de manière vertueuse, soit car des tensions contraires viennent neutraliser l'accès à la performance. C'est, par exemple, le cas quand des actions sont engagées sans avoir pris soin d'écouter la réalité terrain des personnes impliquées. Lorsqu'un problème surgit, il est alors difficile de faire la part des responsabilités et d'appeler à la solidarité (« Je vous l'avais bien dit / ils ne m'ont pas écouté / tous des incapables »). *A contrario*, le sentiment d'appartenance à une organisation qui reconnaît la valeur des apports de chacun, génère l'envie de contribuer, de s'investir pour l'équipe ou le collectif. Pour preuve, la fierté enthousiaste des collaborateurs d'Apple lors des lancements de produits avec Steve Jobs sur scène. Ou, exemple d'un autre ordre : s'il est nécessaire d'optimiser un processus, vous obtiendrez un niveau d'engagement et de responsabilisation plus important après avoir recueilli l'avis ou les préconisations de chacun.

Dans une situation de baisse de performance, tout ou partie de ces cinq enjeux devient le point de cristallisation de la tension ou du conflit. Les membres de l'équipe, par exemple, échangent de moins en moins. Ils ne confrontent plus leurs points de vue, ou s'engagent plus difficilement. Ils ne prennent plus leurs responsabilités ou encore ne reconnaissent plus de valeur à « l'autre », à ce qu'ils font.

Parfois aussi, les cinq enjeux étant liés les uns aux autres, les membres de l'équipe n'ont plus la capacité de distinguer l'origine des difficultés. Ils vivent un moment de démission qu'ils expriment par un : « Ce n'est plus possible » et qui peut aller jusqu'à se traduire par des actes dramatiques. Ce fut par exemple le cas dans les années noires de France Télécom.

QVT et performance : 5 enjeux pour un fonctionnement efficace

Premier enjeu : la présence

La présence s'impose comme le socle de la synergie entre QVT et performance. Par « présence », nous entendons la capacité à être clair avec son intention, à s'accorder sur le futur et à écouter les réalités du présent. Ce n'est pas simple de réussir ce tour de main dans une double dimension : construire un futur ensemble et s'assurer de la qualité opérationnelle immédiate. Le levier de la présence est de se rendre visible et lisible les uns aux autres et d'être en capacité de partager ses intentions. Un humoriste l'illustre bien à travers un dessin comique représentant un manager qui dit : « Nous ne sortirons pas de cette pièce sans savoir pourquoi nous y sommes venus. »

Alors que nous sommes si facilement emportés par la rapidité et l'enchaînement des événements, la présence demande de se poser, de prendre du temps. Du temps, pas nécessairement long d'ailleurs, mais du temps hors de l'action. La présence amène de la conscience qui génère des actions plus justes, plus efficaces.

En premier lieu, la présence se caractérise par le temps que l'équipe se donne pour s'accorder sur le futur. Concrètement, elle se questionne sur des éléments à la fois subjectifs et concrets : « Qu'est-ce qui nous réunit autour de cette table ? » L'équipe s'entend sur un futur dont l'échéance peut être proche (quelques jours, semaines, mois...) : « Qu'est-ce que nous voulons ? Quels sont les projets qui nous rassemblent ici ? *Pour quoi* sommes-nous ensemble ? » *Pour... quoi*, vous l'aurez noté, en deux mots puisqu'il s'agit de bien comprendre dans quelle intention nous sommes présents les uns aux autres et présents à soi. Savoir ce que l'on fait ensemble pourrait paraître superflu aux yeux d'une équipe dite « naturelle » (un Codir, une équipe qui a l'habitude de travailler ensemble). Or le sujet est loin d'être négligeable, tant il remet en question les évidences pour bien les valider (ou non) et challenge les habitudes. S'interroger ainsi est également essentiel pour rassembler des équipes transversales ou des équipes projet qui peuvent avoir des intérêts non convergents.

Un indicateur pour vous : une équipe qui montre sa capacité à être « présente à son intention » incite chacun à nommer, en début de réunion ou de projet par exemple, ce qui est important pour lui, à acter les absences et à ajuster les objectifs en fonction des ressources disponibles. Une équipe « présente » sait se centrer sur l'essentiel.

En second lieu, la présence demande de prendre le temps d'écouter toutes les réalités présentes pour chacun des membres de l'équipe. Il n'existe pas qu'une seule réalité, chacun vient avec ses considérations et ses perspectives. Le but ici n'est pas tant de chercher à se mettre d'accord mais plutôt de considérer, avec un souci d'exhaustivité, les contraintes, ressources, disponibilités, options, compétences, apprentissages... de chacun.

L'équipe parvient alors à une compréhension commune et partagée de la situation actuelle. Passer du temps dans le présent, écouter chacun dans sa réalité et, donc, renforcer le sentiment de stabilité provoque le désir d'action, c'est un des paradoxes du changement. Ce désir que nous aborderons plus en détail dans la partie 2.

Focus

Une compétence incontournable à développer : l'écoute active ?

Le concept d'écoute active a été développé par le psychologue américain Carl Rogers. Il s'agit de s'ouvrir à la pensée et au ressenti de son collaborateur, accuser réception de ce qu'il vit sans jugement, ni critique, sans idée préconçue.

Il implique un respect, une confiance pour permettre à son interlocuteur de libérer ses résistances à nommer sa réalité.

Ce type d'écoute demande au manager d'adopter une attitude d'accueil, une centration sur ce que vit son collaborateur et non uniquement sur ce qu'il dit, sur qui il est et non uniquement sur la difficulté. Enfin c'est une attitude qui requiert une capacité à poser des questions ouvertes pour libérer la parole et à reformuler pour éviter une interprétation hâtive et décalée.

Écouter le présent dans toutes ses dimensions avant de passer à l'action du futur.

Enfin, la présence demande aussi à l'équipe de prendre du temps au moment où elle se focalise sur les actions à mettre en œuvre. Ces actions qui la mettront en mouvement vers l'avenir. Selon nos observations, des actions démarrées trop rapidement, sans donner de place à l'expression des tensions sous-jacentes, prennent plus de temps, génèrent plus de résistance et ne mobilisent pas les ressources de manière aussi performante.

La qualité de cette présence à soi comme aux autres est étroitement liée à la notion d'agilité qui permet de rebondir et de s'adapter aux nouveaux paramètres d'une situation. Cela suppose donc qu'il y ait de la place au sein de l'équipe pour accueillir l'imprévu dans les ordres du jour. Nous reviendrons sur l'agilité dans la partie 3 de cet ouvrage.

C'EST À VOUS

Afin que votre équipe puisse s'ajuster à la complexité d'une situation de façon proactive plutôt que réactive, il est important que chacun puisse nommer ce qui est important pour lui. Cela évite le risque de bloquer le système parce qu'un élément connu de vous ou d'un membre de votre équipe n'a pas été partagé avec les autres.

Notez ce qui vous semble essentiel à exprimer pour que tout le monde dans votre équipe soit sur la même longueur d'onde.

Par exemple, vous pourriez noter :
- « Trouver comment tenir les délais annoncés alors qu'il y a un déficit de ressources chez notre sous-traitant. »
- « Comprendre et dépasser nos tensions avec l'équipe marketing. »
- « Sécuriser l'emploi de tous dans le projet de rachat d'une usine par l'un de nos concurrents. »
- « Donner envie à chacun de contribuer au projet de simplification. »

À vous maintenant :

- ....
- ....
- ....
- ....
- ....
- ....
- ....
- ....
- ....

Quand nous évoquons cet enjeu de la présence auprès de nos clients, une des premières questions qui émerge porte sur les réunions. *Quid* de la nature de cette fameuse présence lors des réunions ? Nous constatons que chaque participant peut arriver non seulement avec des attentes différentes sur les sujets à l'ordre du jour, mais qu'il peut aussi être dans une qualité de présence différente de celle où il est attendu sur le sujet traité. C'est pourquoi les équipes gagnent en efficacité quand les sujets à l'ordre du jour sont qualifiés avant la réunion et rappelés au moment où ils sont traités. Vous connaissez sans doute les grands objectifs classiquement retrouvés au cours des réunions. Nous vous proposons d'aller plus loin et de classer les sujets figurant à l'ordre du jour de votre prochaine réunion selon cinq rubriques :
> « pour information » ;
> « pour avis » ;
> « pour actualisation » ;
> « pour décision » ;
> « pour reconnaissance ».

Voyons de quoi il retourne plus en détail.

> *Pour information* : qui a quel(s) sujet(s) important(s) à communiquer en réunion ou bien au préalable à la réunion ? Un sujet « pour info » ne doit pas entraîner de discussion. En revanche, après la transmission de l'information, il peut y avoir un temps de réaction avec émergence de questions ou de points à traiter.

> *Pour avis* : la personne qui amène un sujet pour avis reste responsable du sujet, mais indique qu'elle a besoin de l'avis de l'équipe. Quels sont les sujets pour lesquels chacun a besoin de consulter l'équipe, de demander un avis, voire de l'aide, en cas de difficulté ou de décision difficile à prendre ? C'est un temps d'écoute et de recueil d'idées, il permet d'ouvrir le champ des possibles ; ce n'est pas un temps de décision et donc pas un temps pour se mettre d'accord. Ces sujets *pour avis* sont souvent amalgamés avec les sujets *pour décision*, ce qui entrave la qualité de l'un comme de l'autre.

> *Pour actualisation* : cette rubrique permet de voir quels sont les sujets de fond qu'il faut régulièrement remettre sur le devant de la scène, sur le dessus de la pile. Il ne s'agit pas de regarder uniquement les écarts par rapport à un plan de marche mais de s'intéresser avec curiosité autant aux progrès qu'aux obstacles rencontrés. Les sujets pour actualisation s'apparentent à ce qui s'est longtemps appelé « suivi des actions ». Cette ancienne formulation traduisait un état d'esprit davantage dans le contrôle. Or le but est que vous, ou un membre de votre équipe responsable d'un sujet de fond (la sécurité, la gestion des compétences…), puissiez-vous assurer qu'il n'est pas tombé aux oubliettes. Il s'agit donc de remettre l'attention de l'équipe sur le sujet en demandant ce qui se passe à un instant T.

> *Pour décision* : à ne pas confondre avec « pour avis », les sujets « pour décision » ont pour but de décider. Sont répertoriés ici les sujets pour lesquels toute l'équipe doit décider ensemble et comment le faire. Cela suppose que chacun ait déjà les informations nécessaires pour pouvoir se positionner.

> *Pour reconnaissance* : cette rubrique appelle les sujets pour lesquels vous, un membre de votre équipe ou l'équipe entière, souhaitez partager les réussites, ses leviers et les comportements qui ont permis d'y arriver. Elle inclut aussi du renforcement positif sur les initiatives à encourager.

Caroline, PDG d'une entreprise dans le secteur pharmaceutique nous dévoile l'ordre du jour de la réunion de son comité de direction :

Ordre du jour de la réunion du comité de direction

Ordre du jour : mardi 15 septembre de 11 heures à 13 heures

1. Pour information
Les résultats du groupe au 2ᵉ trimestre.
Le changement de Direction de la branche logistique.
La nouvelle législation sur les génériques.

2. Pour avis
Thème et lieu du séminaire du mois de septembre.
Ouverture du programme d'incentives aux N – 2.
Support à Pierre pour solidifier notre partenariat avec le laboratoire Care.

3. Pour actualisation
L'impact de la mise en œuvre du nouveau système CRM pour les commerciaux et le *back office.*
Suivi de notre projet de rachat.

4. Pour décision
Le budget pour le séminaire des commerciaux.
Validation du système de primes.
Lancement de la campagne ELIZA :
– validation du rétroplanning ;
– choix des personnes en lead dans chaque équipe.

5. Pour reconnaissance
Apprentissages suite au report de notre accréditation qualité norme ISO 9001 malgré nos efforts soutenus.
Célébration du succès du lancement de EQUIVIR pour les 6 premiers mois.

Deuxième enjeu : la confrontation

Pour établir un bon équilibre entre QVT et performance, il est nécessaire de poser un cadre qui libère la parole et permet, de ce fait, la confrontation… bien entendu, dans les limites du respect de soi et des autres. Ce sont notamment vos qualités de manager assertif qui vont être sollicitées.

 ## LA QUESTION QUE VOUS VOUS POSEZ

« On parle souvent d'assertivité, vous vous évoquez le manager assertif, je veux bien, mais en quoi cela consiste-t-il ? Comment devenir un manager assertif ? »

Assertivité est un néologisme, tiré du verbe anglais *to assert* qui signifie « affirmer, défendre ses droits, respecter ceux des autres, se prononcer avec calme et sérénité ».

Devenir un manager assertif, c'est apprendre à faire face à l'autre :
— Exprimer ses droits et être responsable de ses actes.
— Savoir exprimer ses points forts, ses limites, entrer dans sa vulnérabilité.
— Trouver l'équilibre entre le respect de soi-même et le respect des idées de l'autre.
— Savoir exprimer l'ordre de ses priorités personnelles.
— Savoir dire non ou oui sans se justifier, faire la différence entre justification (« Non, je suis désolé mais je ne peux vraiment pas t'aider sur ce projet car j'ai trop de travail cette semaine ») et explication (« Non, cette semaine j'ai décidé de me focaliser sur ce dossier urgent demandé par l'équipe »).
— Connaître son objectif et savoir l'expliquer.
— Oser demander des explications lorsque l'on n'a pas compris.
— Vérifier l'image que l'on donne de soi et l'impact sur les autres.
— Vérifier que ce qui a été expliqué a été compris comme tel.
— Oser exprimer ses sentiments et ses émotions (nous y reviendrons).

Une fois que les membres de votre équipe se sont accordés sur le sujet qui les rassemble grâce à la présence, le deuxième enjeu de la roue vue plus haut, est la confrontation. Il vient créer une dynamique dans l'équipe ou le groupe pour maintenir une tension optimale entre QVT et performance. La capacité à se confronter est fructueuse car l'écoute des points de vue différents, y compris des désaccords, constitue un socle solide pour conduire ensuite l'équipe à s'engager.

L'exercice de la confrontation, cependant, ne va pas de soi. Pour éviter qu'il ne tourne en pugilat ou génère de la frustration contre-productive, il requiert que l'équipe s'entende sur un code de conduite spécifique. Nous parlons des principes libérateurs de parole et de créativité. Il vous revient de créer un espace suffisamment sécurisé pour favoriser, entre autres, la liberté d'expression de ses désirs et de ses peurs. Il existe alors une prévisibilité suffisante des comportements et des réactions de l'autre qui permet cette prise de risque : « Je sais que ce que je dis ne sera pas retenu contre moi. » Cela ouvre des espaces de désaccords constructifs qui sont essentiels pour rester performants, car ils prennent en compte la diversité, la singularité de chacun et permettent de soulever les objections sans nuire à la qualité des échanges au sein du groupe ou de votre équipe.

En pratique

Ces espaces de désaccords constructifs mettent en jeu deux tensions. Voici comment vous pouvez vous y prendre pour les créer et en profiter.

– Quand un membre de l'équipe exprime un avis opposé à celui de l'équipe ou au vôtre, imaginez qu'il puisse avoir raison (*ouverture*).
– Si vous sentez l'envie de juger une idée ou une personne, retenez vos jugements (ils ne feront pas avancer l'échange) mais exprimez votre point de vue de façon constructive (*assertivité*).
– Partagez ce en quoi vous croyez, en restant intègre avec vos valeurs tout en veillant à ne pas tomber dans l'intégrisme, le refus par principe (*accueil*).

À savoir

Un indicateur pour vous : une confrontation réussie se traduit par des échanges « gagnant-gagnant » dans un environnement contraint. Chacun peut s'exprimer en préservant son intérêt, sans chercher à faire céder l'autre.

Pour optimiser les moments d'échange au sein d'une équipe, nous avons imaginé un mode de fonctionnement reposant sur quatre paires de principes qui viennent renforcer la confiance. Ils sont d'ailleurs repris dans l'ouvrage[1] de Marie-Pascale Martorell quand elle aborde la construction des relations de confiance en collectif. Ce sont des principes explicites et vivants qui amènent chacun à se sentir libre de s'exprimer, d'exister avec ses valeurs ou ses idées et de pouvoir les confronter à celles des autres. Les voici dans le tableau ci-dessous :

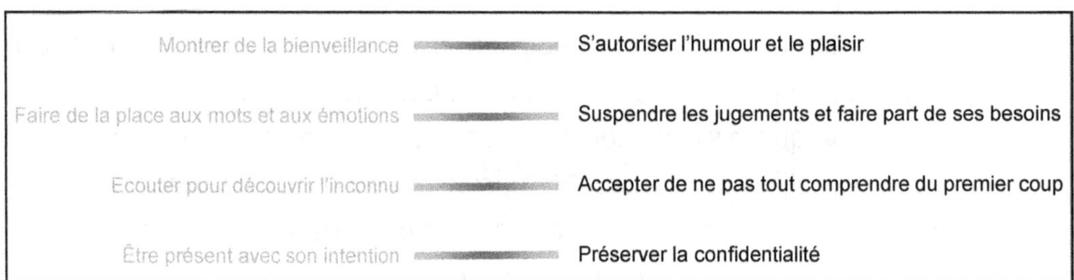

Montrer de la bienveillance	S'autoriser l'humour et le plaisir
Faire de la place aux mots et aux émotions	Suspendre les jugements et faire part de ses besoins
Ecouter pour découvrir l'inconnu	Accepter de ne pas tout comprendre du premier coup
Être présent avec son intention	Préserver la confidentialité

Figure 2.2

---

1 *Coacher grâce aux neurosciences : décoder la complexité des relations professionnelles*, StudyramaPro, 2016.

Prenons le temps d'explications complémentaires...

➤ **Première paire de principes : montrer de la bienveillance tout en s'autorisant l'humour et le plaisir.** Ces premiers principes sont les conditions de base pour que la confrontation puisse émerger : s'exprimer avec bienveillance, c'est dire, dans le fond et la forme, ce qui peut être entendu par l'autre. Pas toujours facile ! L'humour est là en soupape et peut aider à faire passer un message. Nous disons bien l'humour et non l'ironie ou le cynisme... Plaisanter, rire, sourire avec tendresse ou bienveillance nous oblige à relativiser, à quitter un mode de contrôle ou de reproche et permet surtout à la personne à qui nous nous adressons d'intégrer plus facilement ce qui a été nommé. L'humour libère des hormones induisant du bien-être, dont les endorphines qui abaissent le rythme cardiaque, réduisent le niveau d'anxiété. Cela nous permet de mieux relativiser, donc de mieux intégrer.

Mais la bienveillance, comme le respect, est une notion très subjective. Ce qui est perçu comme bienveillant par l'un ne l'est pas nécessairement par l'autre.

Si elle favorise l'échange, la bienveillance a aussi ses limites et peut enfermer dans la conformité. Par exemple, un membre de l'équipe pourrait éviter de s'exprimer par crainte de blesser, ou au contraire dire ce que l'autre veut entendre.

Ces premiers principes permettent aussi de laisser se reproduire des comportements dysfonctionnels. Ils sont souvent automatiques et plus forts que nous, par exemple une personne qui soutient son idée mordicus pourra être confrontée — avec bienveillance — sur la place qu'elle laisse aux réactions des autres. Sur le plan individuel, la perception du monde peut encore rester limitée aux schémas mentaux et au cadre de référence de chacun. La bienveillance comme l'humour sont implicites et varient selon les habitudes culturelles.

➤ **Deuxième paire de principes : faire de la place aux mots et aux émotions tout en suspendant ses jugements pour exprimer ses besoins.** Pour que la confrontation soit constructive, le cadre valorise le partage des idées, des opinions, chacun peut exprimer différents points de vue ou émotions. Ces principes encouragent les membres de l'équipe à prendre leur place. Faire de la place aux émotions, c'est faire de la place au mouvement. *Motio*, en latin, signifie « action de mouvoir », « mouvement » ; nos émotions sont à la source de nos actions. Elles viennent donc enrichir la dynamique d'une équipe quand elles sont exprimées et entendues. Faire de la place aux émotions ne signifie pas nécessairement les exprimer à haute voix ; le dialogue peut se réaliser à l'intérieur de soi pour amener de la conscience sur ce que l'on ressent : de l'insécurité, de la joie, de la colère...

Avez-vous déjà essayé d'arrêter de juger autrui ? Ce n'est pas un exercice facile... car nous sommes programmés avec des capacités pour penser et avoir un avis sur ce que nous voyons et entendons. Comme nous ne sommes pas des adeptes de missions impossibles, nous vous proposons non pas de tenter d'arrêter de juger mais de vous rendre compte que vous jugez. Si l'on prend une métaphore, nous pourrions vous suggérer de mettre ces jugements, un par un, dans des bocaux que vous déposeriez sur une étagère derrière vous pour favoriser un double silence : un silence tourné vers l'extérieur pour accueillir votre interlocuteur et un silence intérieur pour écouter vos besoins. Derrière chaque jugement, il y a un besoin non satisfait. Donc, chaque fois que vous sentez poindre un jugement, plutôt que de le communiquer, interrogez-vous sur ce qui vous manque, ce que vous souhaitez. Là, votre message pourra être entendu et même souvent servir toute l'équipe. Typiquement cela pourrait prendre une forme comme : « Tiens donc, je sens que ça commence à m'énerver... Qu'est ce qui se passe ? Ah oui, j'aimerais bien qu'il laisse parler les autres. Je vais proposer un tour de table. »

➤ **Troisième paire de principes : écouter pour découvrir l'inconnu tout en acceptant de ne pas tout comprendre du premier coup.** Pour que la confrontation porte ses fruits, ces principes encouragent chacun à se voir dans sa relation à l'autre, à recevoir de l'autre et de la relation. À côté donc de l'invitation à exposer son propre point de vue, ils suscitent la curiosité pour les autres points de vue. Qui n'est pas entré ou resté en réunion en se demandant comment tuer le temps car il ne se sentait pas concerné ? Écouter pour découvrir l'inconnu, c'est écouter justement ce qui nous dépasse, ce qui nous est étranger, ce qui est à l'opposé de nos croyances, de nos valeurs, de nos idées.

Combien de temps tenez-vous à écouter sans comprendre ? Là aussi c'est une vraie sollicitation de ne pas chercher à tout comprendre tout de suite, de se laisser vivre ce moment de flottement, de se laisser guider en se disant que l'on aura des réponses au fur et à mesure.

Accepter de ne pas comprendre du premier coup, c'est vraiment se donner l'opportunité de s'enrichir, comme le démontrent les neurosciences avec la création de nouveaux circuits neuronaux. Si vous souhaitez tout comprendre et du premier coup majoritairement, c'est potentiellement que vous utilisez toujours le même chemin, le même circuit d'apprentissage, la même autoroute. Et si, maintenant, vous vous autorisiez à prendre des chemins de traverse, bifurquer pour vous laisser surprendre par un nouveau paysage, de nouveaux villages, de nouvelles rencontres, de nouveaux possibles et possibilités ?

Ces principes développent l'écoute empathique, la capacité à se mettre à la place de l'autre. Chacun est invité à s'exprimer en se voyant lui-même comme une partie du système et à prendre le risque de changer d'avis.

➢ **Quatrième paire de principes : être présent avec son intention, tout en préservant la confidentialité des échanges.** Ces derniers principes ajoutent de l'authenticité à la confrontation. Ils permettent d'accéder à un nouveau stade de communication, plus aboutie, où l'on sent l'urgence de ne plus « parler pour parler ». Ils facilitent le passage de la réflexion à l'observation de ce qui est en train de se passer. En donnant de la place à l'émergence de l'essentiel, il s'instaure une connexion plus forte à l'essence de son identité et de son travail. Être présent avec son intention, c'est d'abord être clair avec ce pour quoi on est là, chacun autour de cette table, et le vivre, le montrer, l'exprimer pour faire avancer avec efficacité le sujet qui nous a réunis. Nous ne sommes pas dans la confrontation, si nous cherchons à faire céder l'autre, nous sommes dans le rapport de force.

Encore faut-il oser dire ce qui nous anime. Que sera-t-il fait de ce que l'on va dire ? Vers où cela va-t-il aller ? Est-ce que cela ne pourrait pas se retourner contre nous ? Autant de questions ou de craintes qui peuvent limiter la confrontation. S'entendre sur la confidentialité protège et libère une parole plus engageante. Elle permet de se montrer ouvert à la discussion, de reconnaître ses hésitations, d'accepter de changer d'avis, de sortir de son rôle pour accepter d'être rencontré au niveau de sa personne.

Pour préserver la confidentialité, nous recommandons par exemple que ce qui est dit en réunion reste en réunion, à moins de s'être mis d'accord sur ce qui sera communiqué à l'extérieur. Nous suggérons de ne plus reparler de ce qu'une personne a vécu dans l'équipe, sauf si c'est elle qui l'aborde à nouveau. L'objectif étant de sécuriser l'espace pour que la confrontation des idées, des points de vue et l'émergence des émotions associées puissent circuler pour enrichir l'équipe.

Avec ces quatre paires de principes se crée un lien unique et profond entre les membres d'une équipe, qui va donner toute sa puissance au travail collaboratif.

Pour aider votre équipe à s'approprier ce cadre de fonctionnement en collectif (il commence par deux personnes) et le vivre dans un mouvement quotidien, vous pouvez l'aider à porter son attention sur des notions souvent confondues.

> **Le fait** décrit la réalité de manière objective, observable, mesurable ; il constate ce qui s'est passé, par exemple : « Cette réunion a duré deux heures. »

> **Le ressenti** décrit les émotions que chacun vit à propos des faits : « J'ai pris plaisir à y participer ; je me suis ennuyé ; j'ai été frustré car je n'ai pas pu parler. » Rappelez-vous que les quatre émotions principales sont la joie, la colère, la tristesse et la peur. De nombreuses autres typologies ajoutent, selon leurs auteurs, des notions comme la surprise ou le dégoût. Les émotions sont de nature passagère et permettent de nommer une expérience affective. *A contrario*, les sentiments, comme le sentiment amoureux, le sentiment d'échec... sont des états affectifs complexes (composés de plusieurs émotions) et peuvent durer. L'important à retenir est que les ressentis sont toujours subjectifs et « vrais ».

> **Le jugement** décrit notre opinion sur les faits, les catégorise (bien/mal), leur donne une orientation. Deux personnes peuvent avoir des jugements différents sur les mêmes faits en raison de leurs ressentis et de leur cadre de référence : « C'était trop long comme réunion ; c'était trop court ; c'était bien/mal animé. » Bien que ce ne soit pas évident à admettre, le jugement est totalement subjectif, c'est un avis personnel en fonction de l'expérience vécue. Lorsque les faits et les jugements sont confondus cela peut conduire à des conflits. Par exemple, votre collègue vous dit : « Je te dis que Jean est un incapable. Je l'ai vu de mes propres yeux. » Et vous lui répondez : « Jean n'est pas un incapable, c'est toi qui lui as donné des informations incomplètes. » Et votre collègue vous répond : « Mais pas du tout. »... Et ainsi de suite...

> **Le besoin** traduit ce qui existe en creux derrière le jugement et qui demande à être satisfait. Imaginez que le jugement soit l'extérieur

d'un gant et, que quand on le retourne, ce soit le besoin que l'on voie à l'intérieur. C'est ce qui est nécessaire pour vous sentir efficace et heureux. Les besoins sont parfois conscients et parfois non. Un besoin, à la différence d'un désir, doit être satisfait pour maintenir notre équilibre tant physiologique que psychologique. Un besoin n'est pas non plus une attente, laquelle est plutôt l'attitude dans laquelle on se place jusqu'à satisfaire notre besoin (ou pas !). Enfin, un besoin n'est pas non plus un objectif. Ce dernier fait davantage référence à ce qui va déterminer nos besoins. En fonction de notre objectif, nous allons définir ce dont nous avons besoin. « J'ai besoin de temps ou d'informations pour réfléchir ; J'ai besoin d'échanger. »

Focus

La typologie des besoins

Nous avons différents niveaux de besoins. Vous avez sans doute en tête les travaux d'Abraham Maslow (1916-1972) sur le sujet *via* la fameuse pyramide qui lui est attribuée. Depuis, d'autres travaux ont été effectués. Citons par exemple Marshall Rosenberg, fondateur de la communication non violente, la CNV. Il différencie six types de besoins que nous avons toutes et tous en commun :
— le bien-être et la survie avec l'alimentation, la lumière, la protection... ;
— l'interdépendance avec l'amour, l'appartenance, le respect de soi, de l'autre... ;
— le jeu avec le défoulement, le ressourcement, la récréation... ;
— l'accomplissement avec le sens, l'apprentissage, la paix... ;
— l'autonomie avec le choix de ses rêves, de ses objectifs et des moyens pour les réaliser ;
— la célébration de la vie, des deuils et des pertes, des joies...

M. Rosenberg décrit l'émotion comme l'expression d'un besoin satisfait ou non.

Dans le prolongement de ses travaux, Thomas d'Ansembourg a écrit un best-seller, *Cessez d'être gentil, soyez vrai* (traduit en 26 langues, plus de 400 000 exemplaires, preuve que cet ouvrage, à son tour, répond à un véritable besoin !). Il explique comment la tendance à ignorer ou à méconnaître nos propres besoins nous incite à nous faire violence, violence qui risque bien de se reporter sur les autres : le non-respect de soi mène au non-respect de l'autre.

> **Le comportement :** en exprimant vos besoins plutôt qu'en formulant des jugements et en recherchant ceux de vos interlocuteurs, vous vous ouvrez à un dialogue. Vous ne cherchez pas à démontrer que vous

avez raison (passage en force). Quand les besoins ont été identifiés et compris, vous pouvez chercher une solution d'intérêt commun. À partir du besoin de maîtriser son temps et du besoin d'échanger, l'équipe peut s'accorder sur les modalités concrètes permettant de satisfaire au mieux (mais sans doute pas totalement) chacun des besoins. Par exemple : « Pour la prochaine réunion nous veillerons à ne pas rester fixés sur des points de détail et à garder du temps pour échanger sur la meilleure façon de satisfaire le client Y. »

En résumé, autoriser la confrontation dans votre équipe permet d'arrêter tout de suite un comportement contre-productif au sein du collectif — une personne dans la plainte continuelle par exemple. Pour gagner en efficacité vous évitez aux jugements négatifs et aux ressentiments de se cristalliser : « Je ne supporte plus ses plaintes. Il me met hors de moi. » Vous proposez un espace où vos collaborateurs peuvent s'exprimer et s'écouter : « J'entends que la situation est difficile, voyons ensemble ce que chacun d'entre nous propose. »

Troisième enjeu : l'engagement

Présence et confrontation auront permis de clarifier les incompréhensions, de mettre des mots sur les implicites, de lever les sous-entendus, de faire entendre les différences et de poser les limites. À ce stade, l'équipe sort du port et chacun manœuvre à son poste vers un but commun. Autrement dit, les tâches se répartissent, les décisions se prennent et les actions s'emboîtent.

Vient alors l'engagement. Quand un manager et son équipe s'engagent, c'est qu'ils pensent réussir à atteindre les objectifs fixés : s'engager à augmenter le taux de transformation de x % dans les douze prochains mois, s'engager à maîtriser et piloter les nouvelles offres commerciales... S'engager, c'est manifester sa conviction dans les résultats. Si vous ne croyez pas que vous allez arriver quelque part, pourquoi prendre le risque de sortir du port ? S'engager demande de l'audace pour prendre des initiatives et entreprendre. Par exemple ce fournisseur qui, pour s'engager dans une relation de partenariat avec ses clients, a refondu et délocalisé le processus de *supply chain*. Ce fut un challenge de taille pour les équipes de s'adapter à ces nouveaux paramètres tout en maintenant le niveau de service.

S'engager demande aussi du réalisme, de la mesure. Affronter une tempête en mer c'est possible, certes, mais pas sans une ligne de vie, inutile de se prendre pour un héros. La ligne de vie, par exemple, c'est le soutien du Codir, de son N + 1, des clients.

Dans une perspective de performance humaine et soutenable, le manager engagé n'est ni un parieur qui tente de se refaire une santé financière au black-jack ni un mégalomane qui pense que le monde n'attend que lui.

Focus

L'engagement

Étymologiquement, s'engager signifie « mettre en gage » donc s'engager c'est « se mettre soi-même en gage ». Au XVIe siècle est apparu le sens figuré de « pénétrer dans quelque chose », par exemple engager la clé dans la serrure. Plus tard le verbe « engager » prit le sens de recruter, comme dans l'armée. Ce n'est qu'au XXe siècle, que le sens « d'entrer dans une action ou encore de prendre position » est apparu.

Le paradoxe de l'engagement, c'est qu'il s'agit d'un acte de liberté et de soumission volontaire. Chacun « tient » son engagement et il est aussi « tenu » par lui.

Aussi paradoxal que cela puisse sembler, s'engager, c'est aussi savoir dire stop, renoncer à une action, une idée, un comportement, une stratégie dans le but de simplifier un processus en cours. Il est tentant, en effet, devant plusieurs choix possibles, de rester en arrêt et de n'en adopter aucun, faute de garantie ou pris par le doute de remettre en question les options sans concrétiser quoi que ce soit. Par exemple, décider de vendre une filiale rentable pour se recentrer sur le *core business* ou stopper un projet de recherche sur une molécule qui ne se révèle pas aussi prometteuse qu'elle le semblait. Ou encore simplement renoncer à relire systématiquement les présentations d'un collaborateur.

L'engagement ne suppose pas que de l'audace ou du courage. Il requiert aussi de prendre soin de ses vulnérabilités. Tous vos collaborateurs, par exemple, n'ont pas le même rythme pour entrer en action. Certains ont besoin de baliser les informations sur une carte, d'autres préfèrent naviguer à vue et s'ajuster au vent. Ignorer ces différences, c'est prendre le risque de fragiliser la cohésion de votre équipe sur un projet. Un autre exemple de vulnérabilité peut vous concerner si vous avez à intervenir ou à travailler dans une autre langue que votre langue maternelle. Cela vous demande de vous adapter à la culture, aux idiomes et peut nécessiter plus de temps pour lire, comprendre les subtilités, rédiger… En bref les vulnérabilités ce sont ces signes de ralentissement, de désaccordages qui parlent aussi des différentes réalités de chacun… Écouter les signaux faibles demande de lâcher une réalité contrôlée et d'accepter de ne pas tout comprendre du premier coup.

Focus

Signaux faibles

En veille stratégique, Un « signal faible » est un « outil » d'aide à la décision. Il se présente comme une « donnée » d'apparence anodine mais dont l'interprétation que l'on en fait peut déclencher une alerte. Cette alerte indique que pourrait survenir un événement susceptible d'avoir des conséquences considérables (en termes d'opportunité, de menace ou de risque). Après interprétation, le signal n'est plus qualifié de faible, il devient un signal d'alerte précoce[1].

Un indicateur pour vous : les membres de l'équipe démontrent de la solidarité entre eux. Chacun tour à tour est amené à pouvoir nommer ce qui est difficile pour lui, demander à être soutenu autant qu'à oser faire preuve de conviction et d'optimisme dans les résultats.

Quatrième enjeu : la responsabilité

La mise en œuvre de manière efficace des décisions engageantes, que nous avons vue plus haut, va nécessiter que chaque membre de l'équipe prenne sa responsabilité et tienne toute sa place dans la construction du projet.

Bert, directeur de magasin dans le marché du luxe, vient d'engager son équipe dans une stratégie pour augmenter le nombre de nouveaux clients. Chacun de ses responsables rayon, clients et services, opérations, *visual merchandising*, RH… a sa feuille de route et doit connaître quel est le périmètre sur lequel il peut être créatif ou pas.

---

1 *Source* : Nicolas Lesca, professeur des universités, université Claude-Bernard, Lyon I, Laboratoire Cerag UMR 5820 CNRS, Grenoble II.

L'équipe maintenant à la manœuvre, devra être en capacité de savoir à quel moment il s'agit d'exécuter avec minutie et discipline les décisions prises, ou alors, *a contrario*, quand il sera attendu créativité et prise d'initiatives pour coconstruire ce que la météo incertaine n'aura pas permis d'envisager avant le départ du port. Cette étape est de plus en plus difficile à circonscrire dans des organisations complexes ou matricielles, les responsabilités étant objectivement partagées et fréquemment de manière très implicite.

L'enjeu de la responsabilité s'articule autour de la capacité à tenir toute sa place. Dans ce contexte, est responsable celui ou celle qui assume ce qui lui arrive dès lors qu'il tient sa place, ce sera la polarité de l'audace.

 ## LA QUESTION QUE VOUS VOUS POSEZ

« Vous parlez de responsabilité mais, dans mon équipe, tout le monde se sent très responsable ! À trop vouloir assumer ce qui nous arrive, on peut vite se sentir coupable... »

Ah... la culpabilité ! vaste sujet... On pourrait considérer que c'est plutôt une bonne nouvelle de se sentir coupable. Car c'est un signe que l'on s'intéresse à l'impact de nos actions sur ceux qui nous entourent. La culpabilité est une expérience sociale nécessaire et paradoxale. C'est un sentiment désagréable à vivre et en même temps il nous rappelle à ce qui est dans un cadre et ce qui est en transgression du cadre. L'importance d'expliciter les rôles et les attendus de chacun est cruciale pour placer la culpabilité au niveau vertueux de la responsabilisation.

Dans l'exemple du magasin ci-dessus, Anna, responsable du parfum tiendra toute sa place en osant proposer à l'équipe de direction un nouvel agencement de son rayon dans le magasin et portera sa conviction même si elle a conscience que l'allongement du *facing* aura un impact sur le rayon maroquinerie.

La posture de vulnérabilité permet de regarder comment chacun peut être à l'origine de ce qu'il advient dans des situations où la responsabilité peut être floue ou partagée. C'est aussi la capacité à ne pas se sentir systématiquement responsable et à accueillir avec fatalité les impacts des événements externes.

Dans notre magasin, le responsable opérationnel doit rencontrer un fournisseur avec lequel la relation est très tendue. D'habitude il se fait un point d'honneur à traiter les situations épineuses seul. C'est sa responsabilité et il tient à la garder jusqu'au bout !

Après un échange informel avec le responsable clients et services, il prend conscience de ses limites : sa colère envers le fournisseur risque de mettre en péril le contrat de partenariat et d'impacter la gestion des stocks. Il décide d'aller au rendez-vous avec son collègue.

En pratique

Comment faire concrètement pour inciter vos collaborateurs à la responsabilisation ?

Quand un collaborateur vient avec une question, vous pouvez par exemple l'encourager : « Et si tu avais un début de réponse à ta question, que dirais-tu ? » L'idée est de développer la prise de risque et l'autonomie.

Autre suggestion : les pétales de marguerite. Imaginez une équipe qui se définit des projets transversaux, c'est-à-dire des projets qui impliquent toute l'équipe. Chaque projet est représenté par un pétale et tous les pétales réunis forment une marguerite. Chacun des pétales est confié à un leader de projet. Le rôle du leader n'est pas de tout faire, sa responsabilité est de faire en sorte que le projet de l'équipe avance. Il se crée ainsi deux phénomènes : l'interdépendance et la collaboration.

Chaque membre de l'équipe contribue, à une place et un rythme différents, dans une responsabilité partagée. Les leaders s'appuient sur l'équipe et l'équipe s'en remet à la responsabilité des leaders.

Pour faciliter la mise en œuvre, il est aidant d'avoir deux coleaders par projet. Ils peuvent compter l'un sur l'autre, se remplacer, se substituer l'un à l'autre. Le copilotage est une dynamique fluide qui renforce encore la coresponsabilité. L'émulation est porteuse et efficace.

Cinquième enjeu : la reconnaissance

La reconnaissance est le cinquième indicateur de notre boussole QVT et performance (en cas de besoin, repartez page 29 pour revoir la figure 2.1). Il renvoie à ce qui a été accompli ou pas, dès lors que les responsabilités ont été clairement définies au sein de l'équipe. Le risque est grand qu'elle soit négligée ou limitée au motif d'un manque de temps, de l'urgence de nouveaux projets, de la non-pérennité des équipes, de pratiques culturelles.

La qualité du climat, de l'engagement et des délivrables futurs peut en pâtir. Alors, gardez en tête que le besoin de reconnaissance est fondamental et que son absence peut devenir rapidement intolérable et gripper les meilleures volontés.

> **En pratique**
>
> La reconnaissance du travail participe activement à l'accomplissement de soi et à la construction d'une identité professionnelle.
>
> Pour le manager, il s'agit de reconnaître le travail et d'éclairer l'utilité de ce travail pour l'équipe, pour le service, pour l'entreprise. C'est également mettre des mots sur la manière dont ce travail a été mené, sur les leviers, ce qui a été réalisé pour mener à la réussite :
>
> « Ce que tu as réalisé a eu un impact important sur la qualité de nos produits, a remobilisé les forces de vente et a ainsi contribué au décrochage de ce nouveau contrat. »
>
> « J'ai apprécié la manière dont tu as su à la fois respecter les règles tout en ne t'y enfermant pas en partageant tes craintes... la manière dont tu as su t'entourer et impliquer tes collaborateurs pour apporter une solution encore jamais explorée. »

L'enjeu est d'apprendre d'une expérience, sur soi et avec les autres, c'est-à-dire de continuer à grandir et à se développer. De ces apprentissages naîtront de nouvelles envies de s'impliquer, de s'engager, de rencontrer, de prendre des risques, de s'ouvrir, d'initier.

La performance humaine et soutenable voyage entre l'audace et la vulnérabilité, indiquant ainsi que votre rôle de manager va se situer entre ces deux états d'esprit. Ainsi, du côté de l'audace, apprendre d'une expérience c'est oser porter une appréciation sur une personne, sur un fait, sur un acte, comme le ferait un critique en ayant conscience que c'est sa subjectivité qui lui est demandée. Cette transparence, cette constance, va donner aux autres de la lisibilité et contribuer ainsi à l'installation de la confiance.

Et, du côté de la vulnérabilité, apprendre d'une expérience est l'exercice complémentaire qui revient à pouvoir accueillir la critique. C'est ce moment délicat durant lequel, fort de la confiance que nous avons en l'autre, nous pouvons recevoir ce qui est difficile à entendre parce que les fondations de la confiance ont été construites au travers des quatre premières étapes. C'est aussi la capacité à aller chercher la critique, positive ou négative, la solliciter et à grandir à partir de ce qu'elle nous apprend.

Il est évident que les deux mouvements sont intimement liés. Imaginez que votre interlocuteur vous dise qu'il n'a rien compris à votre démonstration... Le prenez-vous comme une preuve d'intérêt, car il souhaite comprendre, ou comme une attaque personnelle ? Accueillir la critique vaut autant pour les critiques négatives, qui reconnaissons-le font rarement plaisir, mais peuvent se révéler utiles, que pour les critiques positives. Il n'est pas rare que les personnes félicitées répondent par un évitement ou une pirouette, gênées d'être distinguées ou craignant que le compliment ne cache autre chose.

C'EST À VOUS

Comment réagissez-vous face à une critique positive ?
- « C'est normal, c'est mon travail. »
- « Merci de me le dire, cela me fait du bien de l'entendre et me conforte pour le futur. »
- « Ça a vraiment été difficile. »
- « Je vais transmettre votre compliment à l'équipe, ça va leur faire plaisir. »

Comment réagissez-vous face à une critique négative ?
- La prochaine fois vous le ferez vous-même.
- « C'était difficile et j'ai fait de mon mieux. »
- « C'est du passé, regardons le futur. »
- Vous restez silencieux... et à l'intérieur la colère monte...
- « Merci, je prends votre point en considération pour une prochaine occasion. »

Pour faire perdurer l'équilibre QVT et performance, il est important de savoir nommer quelles ont été les différentes escales depuis le départ du port. L'équipe a alors conscience du chemin parcouru et peut s'appuyer à la fois sur ses réussites et sur ses échecs. Une équipe qui a pour ambition de réussir les changements dont elle a la responsabilité amène chacun de ses membres à ne pas dépendre de la seule reconnaissance externe. Chacun a appris à se nourrir de sa propre reconnaissance en dégageant les bénéfices personnels qu'il tire de ses actions, expérimentations et apprentissages.

Ce temps de bilan est essentiel pour une équipe projet comme pour une équipe naturelle. Trop souvent, les délais tendus incitent les membres de l'équipe à passer d'un dossier à l'autre, d'un projet à l'autre sans fermer ce qui a été ouvert précédemment. Or les situations inachevées encombrent l'esprit et empêchent de se rendre disponible. Elles ralentissent le flux de la créativité, là où précisément l'équipe a besoin de se concentrer.

LA QUESTION QUE VOUS VOUS POSEZ

« Les "situations inachevées" c'est quoi ? Comment je les repère ? »

Imaginez que vous partiez en balade en moyenne montagne, à la découverte. Vous ne connaissez pas la région. Vous visez le col, une estimation de deux heures de marche ou de vélo. *A priori,* c'est facile vous avez l'habitude de ce type d'exercice.

Au bout de deux heures, le col est enfin en vue, mais il faut traverser un vaste faux plat. Ce n'était pas prévu à votre programme. La fatigue commence à se faire sentir. Vous faites une pause, puis un effort supplémentaire avec en perspective la joie d'arriver au bout. Et au bout du faux plat, il y a encore un accident de terrain, il faut redescendre une faille pour remonter... Ah zut, ça commence à faire vraiment long. Et pourtant vous avez déjà parcouru une belle distance. S'arrêter c'est reculer, ou bien s'arrêter c'est constater les étapes déjà franchies ?

Dans l'avancée vers un objectif, la dynamique est la même. Après un premier projet, il y en a un autre qui apparaît et encore un autre, et encore un autre. Les situations inachevées sont des étapes d'un dossier, d'un projet, qui ne sont pas considérées comme un résultat car seule la cible finale compte.

Un indicateur pour vous : l'équipe qui sait allier QVT et performance a compris toute la puissance de s'arrêter pour regarder le chemin parcouru et apprendre de l'expérience. Elle fait référence et met en œuvre ses nouveaux apprentissages.

Les équipes sont, en général, toutes très engagées dans le démarrage de nouvelles actions ou nouveaux projets. Nous vous en proposons une représentation visuelle.

Le but est que, grâce à vous, votre équipe arrive à manager son énergie de manière performante dans la durée. Elle a la capacité, certes, d'initier des commencements, mais surtout de suivre un cycle qui est déterminant dans sa réussite. Il démarre avec l'émergence d'un besoin qui génère une action ou un projet et se termine à la clôture d'une étape intermédiaire ou à la clôture du projet.

Le cycle du projet*

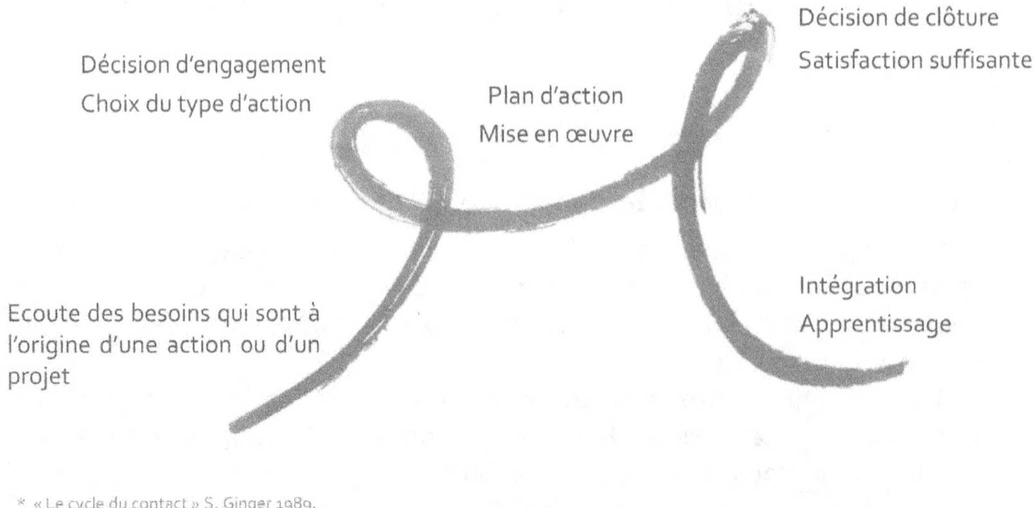

* « Le cycle du contact » S. Ginger 1989.

Figure 2.3

Pour pouvoir passer sereinement d'une série d'actions abouties à une nouvelle série d'actions, vous allez devoir rester attentif à ce que chacun ait le sentiment d'avoir bien clôturé ce qui a été mené. Parfois, clore sera difficile alors que vous vous sentez encore trop loin de la satisfaction du besoin initial, mais les réalités nouvelles surgies dans la vie du projet font que c'est une nécessité. La clôture vient aussi mettre un terme à des liens, un statut, une place ou un rôle dans l'équipe, et ces éléments peuvent potentiellement être difficiles à perdre.

La décision de clôture va permettre de se retirer. C'est ce moment subtil où le besoin est d'ordinaire suffisamment comblé. Il précède l'intégration qui est un moment d'assimilation de l'expérience. La dernière étape d'intégration permet de tirer des enseignements de ce qui a été vécu, de célébrer ou de profiter pour se rendre ensuite disponible à un nouveau cycle.

Porter un regard sur votre expérience de travail en équipe, c'est reconnaître, avec l'équipe, les erreurs, les apprentissages qu'elles suscitent et la façon dont vous pouvez vous en servir.

C'est aussi reconnaître ses succès pour les célébrer, en définir les leviers et ancrer les talents de votre équipe pour mieux les réutiliser. Ainsi l'équipe peut continuer de s'ajuster en temps réel et de grandir dans un environnement complexe et challengeant. Pour ce faire, vous devez garder un œil sur les trois facteurs présentés dans le tableau :

Manager les moyens et ressources mis à disposition	Distinguer ce qui est urgent et important, d'une part, et ce qui est urgent mais peut être délégué ou reporté. Discuter des délais court terme face à une quantité de travail réaliste. S'assurer de la compréhension de la tâche à accomplir et du niveau d'exigence requis, la recherche de perfection et d'exhaustivité n'est pas toujours efficace et nécessaire.
Manager le cycle engagement-désengagement de l'équipe	Célébrer les points d'étape sur un projet. Prioriser les dossiers en étant aussi attentif à maintenir ce qui est important et non urgent : les formations, les réunions d'équipe, le traitement d'un sujet de fond.
Manager son énergie individuelle	Trouver des moyens, dans les champs professionnels et personnels, pour recharger ses batteries. S'autoriser à se reposer sans attendre d'être épuisé, pour se ressourcer et prendre du recul. Oser limiter la gestion de ses e-mails durant les congés.

Cette « assimilation » de l'expérience vécue est une phase fondamentale pour le renforcement de l'identité, de la confiance en soi et de l'engagement de chacun des membres de votre équipe. En prenant le temps de clore avec elle les actions ou les projets, vous libérez l'énergie mobilisée et la rendez disponible pour de futures actions. Vous favorisez aussi l'intégration de l'expérience en partageant succès et apprentissages. Vous créez des espaces pour que chacun puisse imaginer quelle est la richesse de son expérience à donner, à partager avec les autres. Il est convaincu que « plus je donne, plus je m'enrichis ».

Lucas, directeur de projet dans un grand groupe automobile, réunit l'équipe qui a travaillé près de quatre ans sur le lancement d'un nouveau modèle. Il décide de représenter une ligne de vie avec des feuilles A4 du projet tout autour de la pièce en y inscrivant les événements marquants de ces quatre ans, qu'ils aient été positifs ou très difficiles. Chacun se remémore alors des moments très importants, comme l'arrêt du budget et la mise en péril du projet, deux ans auparavant, ou le départ du designer ou encore les félicitations du comité de direction lors du dernier *go/no go*. Un moment de partage est particulièrement important à la fin de cet exercice. L'équipe échange autour de : « Comment avons-nous fait pour dépasser cette impasse ? Comment nous avons-nous vécu nos périodes de doute, de confrontation dans l'équipe ? Comment avons-nous aussi perdu certaines personnes et en avons-nous accueilli d'autres ? Comment avons-nous su ou pas reconnaître nos erreurs et nos succès ? »

53

> Comment faire concrètement pour créer cet espace de partage à l'issue d'un projet ?
> Choisissez un projet, d'une semaine, de trois mois ou deux ans, qui arrive bientôt en phase de clôture et prévoyez un temps avec votre équipe pour échanger ensemble sur :
> — les étapes clés du projet, les événements marquants ;
> — les réussites dont vous êtes les plus fiers **et** ce que vous avez fait/ été pour réussir ;
> — les difficultés, les obstacles que vous avez rencontrés **et** l'analyse de comment vous les avez dépassés ;
> — la contribution spécifique de chacun au projet.
> Enfin, trouvez un moyen pour célébrer la réussite ou la fin du projet.

Nous vous avons décrit dans ce chapitre les cinq enjeux qui, selon notre expérience, permettent de créer ou de recréer la danse entre QVT et performance : présence, confrontation, engagement, responsabilité et reconnaissance. Ces enjeux s'inscrivent dans une dynamique entre deux énergies vives, l'audace et la vulnérabilité. Elle est à la fois fragile et puissante. Elle repose sur des éléments tour à tour rationnels et subjectifs qu'il serait illusoire de vouloir contrôler, mais, en tant que manager, vous pouvez définitivement l'accompagner. Au-delà de cette dynamique vertueuse, nous vous invitons aussi à utiliser cette roue pour faciliter un diagnostic d'équipe. Une fois le dysfonctionnement identifié par l'équipe, il est intéressant de voir à quel enjeu de la roue il se raccroche. Ensuite, pour rétablir l'équilibre, le ballet, entre QVT et performance, il s'agira de travailler sur l'enjeu qui se situe juste en amont.

Chapitre 3

MÉNAGER SON ÉQUIPE : L'APPROCHE AILES

Il serait hasardeux et contradictoire de vous inviter à une performance humaine et soutenable, tant à titre individuel que pour vos équipes, sans vous donner des garde-fous. Nous choisissons à dessein ce terme. Il peut surprendre dans un livre de management d'autant que son acception tirée du *Larousse* décrit les garde-fous comme « ce qui empêche de faire des folies, des imprudences ». Nous souhaitons que vous gardiez ce terme en mémoire. En effet, prises dans le feu de l'action et dans un rythme qui fait vivre en accéléré, vos équipes auraient tôt fait de se négliger jusqu'à se perdre en route. Au-delà des vœux pieux et des outils de management il est crucial pour un manager d'être en observation des variations de comportements de ses collaborateurs. C'est une compétence que nous avons vue à l'œuvre chez certains d'entre vous, tandis que d'autres doivent soit la renforcer, soit l'acquérir, pour prévenir l'épuisement dans leur équipe ou pour sortir leur équipe de la spirale de l'épuisement.

L'approche AILES que nous vous proposons ici a pour vocation de vous préserver d'excès contre-productifs. Elle va vous aider à rester en veille sur les détails, les changements d'attitude, les ambiances, les ressentis. Vous allez apprendre comment déceler des comportements *a priori* positifs qui basculent dans des comportements à risque. C'est une véritable compétence qui n'est enseignée ni dans les cours de management, ni dans les écoles de commerce, mais qui vous sera éminemment utile.

AILES, déclinée à la fois comme un acronyme et une métaphore, va permettre à vos équipes déjà performantes comme à vous-même d'éviter le risque de *burn-out*.

Focus

Le *burn-out*

Le *burn-out,* ou épuisement professionnel, a été conceptualisé pour la première fois par le psychiatre américain Freudenberger en 1975. L'épuisement professionnel est un syndrome, c'est-à-dire qu'il recouvre plusieurs signes et symptômes.

Selon la définition de l'Institut de prévention du *burn-out*[1], « le *burn-out* est un phénomène d'épuisement professionnel qui se développe suite à un désajustement prolongé entre un organisme (une personne, une équipe) et un environnement (une institution, une entreprise, une famille, un groupe social...) ».

Il résulte d'une trop longue exposition au stress.

Comme rongée par un incendie, la victime du *burn-out* se détruit peu à peu de l'intérieur, tandis qu'elle garde intacte son apparence extérieure. C'est un processus — et non un état — qui conduit à l'épuisement émotionnel, intellectuel et physique.

Profitons de cet encadré pour tordre le cou à une idée reçue : le *burn-out* n'est pas le fait d'une personne faible ou fragile, mais bien plutôt d'une personne qui s'est investie dans son travail sans retenue au point de se détruire. Des dysfonctionnements organisationnels ou managériaux, des pressions ressenties peuvent en être à l'origine. La personne risque alors d'accepter ou d'entrer dans l'inacceptable pour continuer à faire son travail. En parallèle au surinvestissement, la personne n'a souvent pas obtenu la reconnaissance qu'elle espérait. On pourrait dire que, peu à peu, son idéal d'un monde parfait, d'une mission parfaite, de relations interpersonnelles parfaites, s'est éloigné et cette désillusion a fini par la détruire.

Réussir sans se brûler les ailes

Le *burn-out* d'une équipe découle de la rencontre passionnée ou passionnelle entre une équipe de talent, prédisposée à réussir, et un projet qui inspire le dépassement. L'équipe est performante, elle est mobilisée par un niveau de pression et d'excitation, qui de stimulant peut devenir dangereux. Comment, dans ces conditions, réussir sans que le succès se retourne contre les membres de votre équipe... et contre vous-même ?

Notre expérience dans les domaines du stress et du *burn-out* nous conduit à penser qu'il est important de travailler simultanément sur plusieurs niveaux :

> les comportements individuels ;

---

[1] I.P.B.O Institut de Prévention du *Burn-Out* (ipbo.jimdo.com).

> la dynamique collective qui les amplifie ;

> la dimension systémique des facteurs de stress liés à l'organisation qui les provoque.

En effet, le stress et le *burn-out* ont partie liée. Le stress est « la réaction de l'organisme face aux modifications, aux exigences, aux contraintes ou aux menaces de son environnement en vue de s'y adapter », ainsi qu'il est mentionné dans un autre ouvrage[1]. Le stress n'est ni bon ni mauvais, ni positif ni négatif. C'est une énergie à orienter et à maîtriser en fonction des situations que nous vivons. En cela, nous sommes bien des sujets de nos vies, et non des objets ou des fétus de paille bousculés au gré de vents contraires. Le stress ne renvoie pas uniquement à du mal-être ou à une baisse des rendements professionnels. Il n'est pas toujours associé à la souffrance au travail et peut au contraire être une « énergie de progrès et de transformation[2] » s'il est géré de manière optimale.

Tout est bien… qui commence bien

Veiller sur ses troupes comme sur soi, garder dans sa manche des garde-fous, tout cela procède de l'idée d'être attentif aux signaux forts et aux signaux faibles.

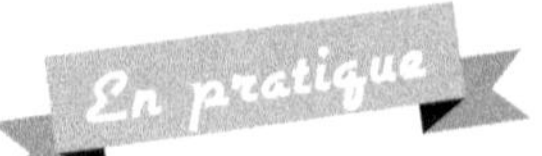

Comme nous l'avons indiqué dans le chapitre précédent page 45, ces signaux délivrent des informations stratégiques sur l'entreprise, ses collaborateurs et l'environnement avec lequel elle est en interaction : ses concurrents, ses partenaires, etc. Ils relèvent pour l'essentiel de la perception et de l'interprétation que l'on peut en faire. À partir de leur collecte et de leur lecture, il est possible d'adapter le fonctionnement d'une équipe, d'un département, d'une direction, ou plus globalement d'une organisation pour prévenir la survenue de crises, les pertes de marché, les erreurs de pilotage graves.

Pour en savoir plus et en complément de ce que nous écrivions au chapitre 2, nous vous suggérons notamment l'ouvrage de Philippe Cahen, *Signaux faibles, mode d'emploi*, Eyrolles, 2010, prix de l'Intelligence économique 2011 décerné par l'académie éponyme.

Ces signaux concernent tous les domaines de la vie économique et sociale d'une entreprise : aléas divers, ralentissement du rythme de travail,

---

1 *Les Cinq Dimensions du stress*, InterEditions, 2011.
2 *Ibid.*

absentéisme, conflits interpersonnels plus ou moins larvés... Ce sont autant d'indicateurs, qui, pour être perçus, demandent que vous ayez une veille orientée de manière plus spécifique sur le comportement de vos collaborateurs. Vous pourrez ainsi anticiper les décisions à prendre d'un point de vue individuel, collectif ou organisationnel. Chaque signal, même très faible, est une information précieuse à prendre en compte, même sous l'effet de la pression et du manque de temps.

Entrons dans le détail du modèle AILES : vous allez d'abord constater qu'au départ, tout va bien. L'équipe dispose d'un potentiel indubitable, les aptitudes des uns et des autres ne sont plus à démontrer et vous-même tenez parfaitement le cap. Nous décrirons en premier lieu ce point de départ idéal. Puis, nous reviendrons sur les signaux faibles et forts de nature à vous alerter dès lors que vous aurez notre approche à l'esprit...

L'acrostiche AILES dépeint cette première phase ascendante de l'équipe, comme un envol.

> **Ambitieux.** Les membres de l'équipe sont très investis, ils partagent des rêves et la volonté de se donner les moyens de les réaliser. Souvent, l'ambition et la passion trouvent leur origine dans des loyautés, des preuves à donner, des comptes à rendre...

> **Intelligents.** L'intelligence de chacun peut être intellectuelle ou pragmatique. Elle se révèle derrière le courage, le travail bien fait, la créativité. Elle permet à l'équipe d'appréhender la plupart des situations, d'agir rapidement, avec fluidité.

> **Légitimes.** Les membres de l'équipe se sentent reconnus socialement dans l'entreprise et acceptés dans leur rôle. Chacun se vit comme ayant gagné cette légitimité par un travail soutenu et de qualité.

> **Énergiques.** En excellente forme, ils ont beaucoup d'énergie et la renouvellent rapidement.

> **Sûrs d'eux.** Ils sont confiants et agissent avec détermination, soutenus par une assurance sans faille.

Les membres d'une équipe performante sont emportés dans une spirale ascendante de succès. Ils s'inspirent et s'émulent les uns les autres, partagent leur bonne humeur, leur enthousiasme. Déclencher l'enthousiasme... c'est donner à chacun envie de s'engager dans l'action. En effet, mobiliser les hommes et les femmes pour réaliser les changements nécessaires à la réalisation d'un projet est tout un art.

Si le sujet de l'enthousiasme vous intéresse, nous vous suggérons le livre de Roland de Saint-Étienne, *Retrouver l'enthousiasme* (InterEditions, 2016). On lit notamment : « Une énergie naturelle. Cet enthousiasme appartient à chacun. On ne peut pas le provoquer avec certitude, ni même l'anticiper. Il n'a besoin d'aucun artifice, je dirais, d'aucun adjuvant, d'aucun matériel pour exister, pour s'exprimer ou s'épanouir.

En revanche nous pouvons créer les meilleures conditions de son développement, agir sur le terrain pour permettre à chaque personne de développer elle-même son enthousiasme. »

Quand le *burn-out* s'installe

Pris dans le quotidien et sa frénésie, si vous n'y prêtez pas attention, une dérive dans les comportements peut se produire subrepticement. Elle va déséquilibrer l'ensemble d'un système qui fonctionnait bien en apparence. L'excès de tension positive (l'excitation de réussir, l'enthousiasme à participer à un projet qui motive tout le monde, l'accumulation de bons résultats, une culture du dépassement valorisée entre pairs, etc.) peut se transformer en poison au sein de l'équipe. L'équipe candidate au *burn-out* prend alors un « virage », la dynamique positive s'emballe et conduit à des comportements excessifs et donc, à terme, toxiques. De la même manière, l'organisation peut également s'emballer et ne plus être ajustée aux enjeux business et humains. Rappelons-nous que « la frontière est très ténue entre un stress vécu positivement et un *burn-out*. En effet, vous verrez rarement survenir ce processus de *burn-out* chez une personne ou une équipe engagée qui ne réussit pas. Vous observerez peut-être de la dépression ou le *bore-out*, un syndrome généré par l'ennui (« s'ennuyer » se dit to get *bored* en anglais) et la sous-exploitation des compétences, mais pas de *burn-out*[1] ».

Pour comprendre l'épuisement qui peut s'installer dans votre équipe… et y remédier, AILES propose des repères qui vous permettront à la fois d'identifier cette évolution et les pistes pour en sortir.

Reprenons les mots fondateurs de l'approche et l'évolution qu'ils connaissent sous l'effet du stress collectif et du *burn-out* vécu dans un

---

1 *Les Cinq Dimensions du stress*, InterEditions, 2011.

climat de performance. À chaque étape, nous focaliserons notre attention sur la dynamique individuelle et collective. Nous vous proposerons des pistes de travail en garde-fous, axées soit sur les ressorts de la personne ou sur certains leviers organisationnels.

Ambitieux, puis dépendants

L'ambition est bien sûr une qualité, voire une vertu, quand on accepte de l'envisager non seulement comme un moteur associé de manière courante à la réussite, mais surtout comme une disposition d'esprit qui nous aide à devenir nous-même, qui que nous soyons. Comme l'écrivent Sophie Cadalen et Bernadette Costa-Prades dans un essai[1] qu'elles consacrent à ce sujet : « L'essentiel de notre dialogue avec notre ambition se passe d'abord de soi à soi, une intimité nécessaire pour, ensuite, une fois que nous serons plus ou moins au clair avec nos décisions, engagés dans l'action, nous en ouvrir aux autres. »

Cependant, l'ambition d'une personne, d'une équipe peut se transformer en dépendance à son engagement. Son identité fusionne alors avec son « œuvre ». Il y a identification au projet, la personne ou l'équipe n'est plus dans la réalisation d'un projet, elle devient son projet. On entend alors des phrases comme « ce projet, c'est mon bébé », « nous y arriverons, quoi qu'il arrive, il y va de notre survie »... Ledit projet devient l'œuvre de toute une vie à un instant T. Quand l'ambition amène une identification au projet, on observe très souvent un décalage entre les événements et leur impact, qui est soit excessif et monté en épingle, soit rejeté et dénié.

Regard sur une situation réelle

Lors d'un coaching d'équipe, nous avons proposé un jeu à réaliser dans un temps limité. L'équipe a terminé dans les temps et a réussi à atteindre son objectif qui consistait à assembler les pièces en bois d'une tour élevée. Nous nous attendions à ce que les membres de l'équipe célèbrent leur réussite. Or il n'en fut rien, bien au contraire. En fait, leur objectif implicite était double : réussir, certes, mais avec du panache. Il n'y a pas eu de prise de recul possible sur l'expérience. Cette équipe a gardé de l'expérience, la frustration et l'amertume face à la difficulté de travailler ensemble, de s'organiser, de se positionner.

---

[1] *La Belle Ambition*, JC Lattès, 2013.

Une équipe qui ne se réjouit pas alors qu'elle a atteint son objectif est un signal à prendre en compte. Quelle information apporte-t-il ? Dans l'exemple ci-dessus, nous comprenons que l'objectif implicite de l'équipe, plus ambitieux que ce qui lui était demandé, bloque la capacité à se réjouir. En revanche les émotions négatives sont exacerbées. Nous parlons de dépendance au travail, à la reconnaissance, à la stimulation et de soumission au groupe, au projet. Le vide d'action devient intolérable car si l'on ne travaille plus, si l'on n'est plus reconnu, on n'existe plus.

La dépendance naît d'une tension extrême de l'ambition vers le projet, au risque de s'oublier soi-même. Il en résulte des conséquences néfastes observables : une perte de l'équilibre professionnel et personnel avec une amplitude horaire de travail de plus en plus grande. Petit à petit, cette tension s'immisce dans le climat qui exclut l'humour alors qu'il avait sa place. L'écoute et la bienveillance se transforment en rejet, en isolement, en attaques.

Veiller à préserver les bénéfices de la passion, de l'ambition pour éviter qu'elle ne glisse vers la dépendance fait partie de votre rôle de manager. Votre équipe a besoin de vous pour garder le curseur au bon endroit.

Garde-fous : quelques pistes de travail

Au niveau individuel

Questionnez votre investissement. Si vous percevez que votre travail prend toujours plus de place dans votre vie et de façon durable (au-delà de trois mois), qu'il devient le centre de toutes vos préoccupations et que cela risque d'impacter votre envie d'investir votre vie personnelle, si vos réactions aux événements changent (soit elles s'amplifient, soit elles se raréfient), alors il est largement temps de réagir.

Demandez-vous comment faire pour garder votre enthousiasme tout en écoutant vos limites pour préserver votre potentiel. Posée de cette façon, cette question révèle une telle complexité qu'il n'est pas possible de répondre par un « il n'y a qu'à... » ou « je vais y arriver ». Elle vous demande de vous remettre en question, de revisiter votre projet professionnel et surtout de le différencier de qui vous êtes en tant que personne.

Au niveau de l'équipe

Favorisez des mises en perspective. Si vous observez des micro-dysfonctionnements, la transformation de certains points positifs de l'ambition collective en facteurs de stress ou tensions palpables, votre rôle consiste à remettre du sens.

Votre équipe a besoin de vous pour, d'une part, être reconnue dans son investissement et, d'autre part, remettre le projet de l'équipe au bon endroit, c'est-à-dire, un projet parmi d'autres dans l'entreprise, un projet parmi d'autres pour chacun à titre personnel.

Au cours d'une réunion, vous pouvez inviter votre équipe à partager :

> Quel est le rêve que chacun poursuit à travers l'équipe ?

> Sur quelles valeurs personnelles s'appuie le fonctionnement de l'équipe ?

> Sur quels talents et avec quelles limites ?

Revisitez l'organisation du travail. Quand l'attention est avant tout focalisée sur le résultat à court terme, qu'il soit demandé par les actionnaires, la direction, vous-mêmes ou vos collaborateurs, un risque de dérive est possible. Lors d'une réunion d'équipe, vous pourriez vérifier collectivement, par des regards croisés, que les rôles, les champs de responsabilité respectifs et les processus de décision sont suffisamment clairs.

Vous allez faire en sorte de comprendre à quel appel la personne, l'équipe qui passe de l'ambition à la dépendance, a répondu. S'agit-il d'un rêve auquel elle tient plus que tout, sans discernement suffisant pour distinguer le projet de sa propre vie, par exemple ? Ou à qui cette personne, cette équipe dévoue-t-elle toute sa loyauté sans tenir compte de ses limites ? Pour parvenir à ce résultat, le mot-clé sera l'accueil. Accueillir ce qui se passe autour de vous (et inviter la personne ou l'équipe en difficulté à en faire autant) sans jugement de valeur.

Intelligents puis focalisés

Comme l'ambition, l'intelligence est évidemment un bagage précieux pour la vie en général, et pour l'épanouissement professionnel en particulier ! Cependant, sous l'effet d'un surcroît d'activité, il peut arriver que ces brillants esprits perdent leur ouverture d'esprit et se focalisent sur une expertise et une seule. Et alors, direz-vous : il est important de pouvoir s'appuyer sur des experts dont la connaissance et le savoir-faire sont pointus. Certes, mais si le champ d'expérience ne s'ouvre plus, il s'appauvrit. Il devient impossible pour l'équipe de prendre du recul, d'avoir une vision sereine et objective de la situation. Entendons-nous bien : les experts sont importants dans toute organisation, comme le sont les plus généralistes. Chacun a son rôle, ses qualités et ses apports spécifiques. Le souci se profile quand les experts perdent de vue que pour nourrir leur expertise, ils doivent aussi s'abreuver à d'autres sources que celles spécifiquement liées à leur domaine, c'est-à-dire prendre le temps et ressentir le besoin de se renouveler en sortant de leur registre pour se ressourcer, par exemple en visitant une exposition, en lisant autre chose que des ouvrages qui concernent leur pratique, etc.

Dans un ardent besoin de tout comprendre, de trouver des solutions à tout, l'équipe confond l'hypothèse qui permet de douter et d'explorer, et l'hyperthèse qui empêche toute possibilité de dialogue, de remise en question en s'appuyant sur des certitudes. En passant de l'intelligence, et donc de la curiosité intellectuelle, à la focalisation, l'équipe va trop vite dans la solution, sans faire de diagnostic de la situation. Elle étouffe la diversité, jugée trop complexe, trop dérangeante. Son horizon réduit l'environnement ou le champ des possibles. De ce fait, les membres de l'équipe se trouvent eux aussi réduits à une fonction utilitaire. Ils sont moins force de propositions, ils n'utilisent plus la confrontation constructive qui fait bouger les lignes. L'équipe est tournée sur elle-même, s'enferme dans une vision partielle et ce huis clos risque de transformer peu à peu l'émulation en compétition interne.

De plus, la focalisation empêche la perception des points de vue différents. Or les membres de l'équipe, le manager, la direction, les actionnaires peuvent avoir une perception différente du travail demandé et des ressources pour le réaliser. Le temps nécessaire et le rythme, la charge de travail et sa durée, la qualité, le niveau de compétences requis… sont avant tout des regards individuels qui vont être source de mobilisation ou au contraire vécus comme une contrainte. Quand chacun est focalisé sur sa perception sans pouvoir avoir accès à celle de l'autre, cela crée de la tension.

Regard sur une situation réelle

Deux équipes d'ingénieurs réparties en France et en Italie ont travaillé pendant deux ans sur deux parties interdépendantes d'un même projet. Chacune faisait preuve d'une intelligence fine, d'efficacité, de créativité, de rapidité... Pourtant, durant la mise en œuvre, chaque remarque d'une équipe était considérée par l'autre comme venant ralentir sa production. Lorsqu'une des équipes soulevait et communiquait un problème potentiel à l'autre, il lui était demandé de proposer des solutions, plutôt que d'apporter un problème. Chacune des équipes est restée concentrée sur sa tâche pour découvrir au bout de deux années que leurs travaux respectifs ne pouvaient se rejoindre. Le projet fut mis en échec.

En tant que dirigeant ou manager, votre rôle est d'éviter cet écueil, ce glissement de l'intelligence vers la focalisation. Vos collaborateurs auront alors besoin que vous les aidiez à retrouver le chemin de la prise de recul.

Garde-fous : quelques pistes de travail

Au niveau individuel

Régénérez votre intuition. Elle se travaille et se cultive. Pour vous reconnecter à cette « petite voix intérieure », prenez une heure, ou notez au fur et à mesure, sur un carnet, toutes les intuitions que vous avez à propos de vos collaborateurs, de la situation conflictuelle avec votre hiérarchie, du futur de votre *business unit*. Laissez reposer au moins une nuit puis revenez sur cette liste. En relisant vos phrases, éliminez peu à peu ce qui pourrait relever de peurs, angoisses ou attentes pour ne garder que le caractère intuitif, donc réceptif de votre « guide intérieur ».

Restez ouvert sur l'extérieur. Et si vous proposiez à un collaborateur, un partenaire professionnel, un client, un fournisseur de l'accompagner durant une journée ? Une sorte de « Vis ma vie » pour s'enrichir, sortir de ses références, mettre du nouveau et... bien sûr, vous pouvez proposer l'inverse.

Ouvrez-vous à l'étrange, laissez-vous surprendre. En tant que dirigeant ou manager, introduire des visions décalées est une autre façon de cultiver votre curiosité, d'explorer. Osez par exemple inviter des intervenants innovants (magicien, philosophe, chercheur CNRS...). Sinon, en interne, quelles sont les équipes innovantes au sein de votre organisation ? Et comment les mettre en valeur pour encourager l'ouverture d'esprit, l'ingéniosité, sortir des sentiers battus ?

Au niveau de votre équipe

Votre équipe perd de sa créativité, vous sentez que vos collaborateurs travaillent en silos ? Vous percevez que les échanges se tendent entre eux et que chacun reste sur son pré carré.

Les pistes suivantes contribuent à l'intelligence collective.

Booster la créativité de votre équipe. Par exemple, après avoir dressé le constat d'une situation à améliorer en réunion d'équipe, au lieu de demander à chacun son avis ou son idée (cerveau rationnel cognitif qui surchauffe dans la complexité), vous pouvez poser la question : « Quelle image ou métaphore vous vient à l'esprit après avoir entendu ces éléments de contexte ? » (cerveau émotionnel créatif qui se joue de la complexité). Et si vous souhaitez tirer plus loin l'intelligence collective, demandez à l'équipe ce qui émerge de toutes ces images ou métaphores, quelle en est la substantifique moelle ? Vous aurez alors un bel exemple de synchronisation groupale où chacun apporte quelque chose d'unique au service du collectif.

Vous pouvez aussi encourager l'utilisation du management visuel avec des images, des métaphores pour refléter un succès, inviter une initiative, suivre la progression d'un projet.

Mobilisez l'intelligence émotionnelle. Imaginez qu'au cours d'une réunion, votre équipe manifeste son mécontentement, sa déception, sa frustration… face à une situation inattendue.

Prenez le temps d'écouter la diversité des émotions en jeu, en donnant de la place à chacune. Puis, en repartant de chaque émotion nommée, invitez les membres de votre équipe à exprimer à tour de rôle ce dont il a besoin.

L'intelligence émotionnelle trouve aussi sa place dans la gestion des situations difficiles et la prise de décision. En tant que manager ou dirigeant, à quelle fréquence faites-vous appel à l'intuition de vos collaborateurs, à côté d'une démarche rationnelle ?

Votre équipe a montré sa capacité à mobiliser ses neurones. Vous allez lui apprendre à mettre son « quotient Intellectuel » au service de son « quotient émotionnel », c'est-à-dire à écouter son intuition mais aussi à utiliser l'intelligence de « ses tripes », si vous nous permettez l'expression. Au risque de dépasser des conventions bien ancrées mais limitantes, nous vous proposons d'oser faire appel aux ressources et aux indicateurs qu'apportent les émotions, et même le corps ! Aussi paradoxal que cela puisse sembler, se reconnecter à l'écoute de soi-même, de son corps est l'un des moyens les plus efficace pour rester en lien avec son environnement, pour favoriser l'intelligence collective et pour garder son « disque dur personnel » intact !

Légitimes puis surinvestis

Sur le même principe que les deux précédents mots-clés de notre acrostiche AILES, la légitimité est, en soi, une qualité appréciée et recherchée. Elle permet de s'affirmer en s'appuyant sur des fondements bien réels d'accomplissements qui ont valeur d'exemple, de savoir-faire, de savoir-être... Elle s'appuie sur des compétences reconnues et donc respectées, qui tiennent tant à des diplômes, à des réalisations, qu'à une ancienneté synonyme d'expérience dans un environnement donné. Cette légitimité permet d'orchestrer, autour de soi ou d'une équipe reconnue comme légitime, une série d'actions. Ainsi la légitimité se construit-elle... mais elle se détériore aussi.

En effet, la légitimité peut se transformer en un surinvestissement à la fois dans une responsabilité et une contribution qui devraient être irréprochables. On confine alors à une sorte de perfectionnisme. Être légitime oui, pousser l'exigence jusqu'à viser un idéal inatteignable (par définition) non. L'image que nous pourrions employer est celle d'une statue. Allez au Louvre, passez devant la *Vénus* de Milo et vous verrez. Elle est admirée, mais tenue à distance. Or la légitimité ne saurait s'accommoder d'une mise à distance. Elle se nourrit d'échanges, de collaborations, de partage. En tant que manager, votre vigilance dans l'observation de la motivation de votre équipe est essentielle. Vous devez veiller à ce qu'elle ne se mue pas en quête de perfection aiguillonnée par le désir de ne jamais être pris en défaut pour éviter à tout prix le sentiment de culpabilité de ne pas en faire assez, ou la honte de ne pas être à la hauteur.

La reconnaissance liée à la légitimité entraîne un devoir de représentation et une faible délégation : « Tout dépend de moi » ; « Je ne peux finalement pas aller à ce congrès, c'est trop risqué ce moment, je suis la seule à avoir une vision globale des enjeux de ce projet », dira la personne qui se sent investie de cette forme d'aura que peut devenir la légitimité. De même, la quête de perfection génère souvent du surcontrôle qui nuit à l'individu, enferme les équipes et dévitalise l'organisation. La légitimité, elle, se consolide dans la capacité à penser son travail, à investir des espaces de créativité tout en apprenant à maîtriser ses actes dans un cadre donné.

Regard sur une situation réelle

Dans une entreprise de génie civil, une équipe très investie va bien au-delà du cahier des charges. Chacun ajoute sa propre contrainte : faire plus vite, faire encore mieux, faire encore plus esthétique, etc. Comme souvent, dans ces cas-là, l'objectif des personnes impliquées est d'être reconnues dans ce que leur contribution a d'unique et de particulier. Mais cette surenchère d'exigences démesurées a pour effet de bloquer le projet. À force d'être parfait, il devient irréalisable.

Nous avons vu que la légitimité se nourrit du lien, de la relation interpersonnelle. Il vous appartient donc, en tant que manager, de recréer ce lien, de favoriser la reconnaissance des compétences et l'exploitation des talents de chacun. Cela renforcera la motivation et facilitera un retour à une logique de réussite.

Garde-fous : quelques pistes de travail

Au niveau individuel

Développez la coresponsabilité et l'humilité. Vous avez peut-être le sentiment, en tant que dirigeant ou manager, que vous devez être irréprochable, que vous devez être à la hauteur des enjeux, d'autant plus si vous êtes expert.

Pour éviter les risques de surcontrôle et de faible délégation, liés à la quête de perfection, l'enjeu sera de développer la coresponsabilité : sur qui pouvez-vous vous appuyer pour faire avancer un projet lorsque vous partez en déplacement ou en vacances ? Qu'est-ce que vous n'avez encore jamais osé demander à votre équipe et qui serait une aide précieuse pour vous (par exemple la prise en charge d'un dossier, d'un client, de la rédaction d'une synthèse...) ? Pour encourager les initiatives et vous assurer de la sérénité, de la sécurité, vous aurez communiqué clairement sur ce qui est important pour vous, les priorités, les marges de manœuvre.

Ouvrez une seconde piste autour de la reconnaissance de votre imperfection. L'être humain est né et restera imparfait, et heureusement ! Dans quelle activité, personnelle ou professionnelle, pouvez-vous vous donner le droit à l'erreur, et vérifier quel impact cela a (par exemple, n'envoyer qu'un *draft* à finaliser, reconnaître que vous vous êtes emporté, demander à un collaborateur de vous apporter une information que vous deviez avoir...) ? Vous pourriez ainsi en découvrir tous les effets positifs. Par exemple que votre humilité agit sur la confiance, que personne n'a relevé votre erreur, qu'elle a servi à montrer que l'on peut prendre des risques...

Au niveau de l'équipe

Dédiez un espace-temps à la reconnaissance de l'équipe : nous vous invitons à programmer une réunion plus informelle que d'habitude, dans un cadre différent ou autour d'un petit déjeuner, et à inviter vos collaborateurs à suivre l'un de ces deux protocoles.

> **Reconnaître les rôles de chacun.** Vous invitez chacun à parler de son métier, de sa place, de son rôle implicite et explicite dans l'organisation. Concrètement, vous proposez à chaque membre de votre équipe d'écrire sur une feuille A4 son titre, sa fonction, son rôle et surtout sa raison d'être au sein de votre équipe.
>
> Chacun vient ensuite coller sa feuille sur un mur qui dépeint alors une représentation de leur travail ensemble. Ce protocole rend le travail explicite. Il permet de mettre en avant les liens et aussi les zones de tensions, les personnes qui se regroupent autour d'une tâche et celles qui pourraient être isolées, volontairement ou pas.
>
> Une autre option est d'organiser un échange autour des questions suivantes : « Qui me donne ma légitimité ? Sur quoi repose-t-elle ? Comment est-ce que je vis la manière dont je contribue dans l'équipe ? Comment je me sens avec cette image de moi ? »

> **Organiser un *speed dating* tournant.** Vous proposez à votre équipe de se mettre en binôme. Chaque binôme durant un temps contrôlé (2 × 3 minutes) échange sur : « Ce que je pense que je peux t'apporter et ce dont j'ai besoin, venant de toi et de ton équipe. » Au bout du temps écoulé, les binômes changent et changent encore, jusqu'à ce

que chacun ait pu partager avec chacun. Cet exercice a l'avantage de rendre les contributions explicites et de lever des malentendus. Vous devrez donner des retours également et pourquoi pas, si vous sentez l'exercice possible, monter des groupes de pairs pour redonner du lien là où il s'était perdu à force que chacun ne suive que sa voie pour que SA voie soit la plus irréprochable possible.

La légitimité est un acquis au sein de votre équipe. Vous allez lui apprendre à valoriser les talents individuels pour cultiver une dynamique de collaboration et de solidarité. Renforcer les liens demande d'oser dire de façon explicite et d'oser recevoir. La voie de l'intelligence collective passe par écouter, connaître et reconnaître.

Énergiques puis sans limite

Il y va de l'énergie qui nous anime comme de celle grâce à laquelle notre monde tourne, nous avons tendance à la croire disponible et abondante. Or, nous le savons, ni celle qui nous permet d'accomplir nos désirs et de faire face à nos obligations, ni celle que recèle la nature n'est inépuisable. Centrés sur la performance, nous aimerions y croire et nous appuyer sur l'une comme sur l'autre sans réserve ni limite. Hélas...

Dans l'enthousiasme de bons résultats qui encouragent à continuer, dans l'ambition de faire toujours mieux et toujours plus, dans la détermination sans faille de surpasser un échec, les équipes peuvent avoir tendance à user et abuser de leur énergie et ce, sans se donner les moyens de recharger leurs batteries. Vous l'observerez chaque fois que les membres de votre équipe auront des difficultés à voir leurs limites ou encore quand ils s'épuiseront dans une boulimie frénétique ou perfectionniste de projets et de travaux en cours. Nous abordons ici une autre dimension de la notion de dépendance, alimentée cette fois par la disponibilité physique. Le corps est au service de l'ambition et nourrit le besoin de légitimité. Dans cette possible soumission, il s'agit d'être efficace, au risque de perdre son intégrité physique. Un dirigeant avisé sait inscrire cette notion d'écologie au sein de son propre comité de direction pour permettre que l'énergie continue de circuler et que les équipes restent mobiles, agiles et en bonne santé.

Regard sur une situation réelle

Dans une équipe de responsables de projets de développement dans l'industrie pharmaceutique, la quantité de travail était devenue la mesure de la reconnaissance. Les vacances étaient brèves, les week-ends tronqués et les soirées inexistantes. L'équipe ne savait pas se dire « stop », et ses membres n'étaient plus en contact avec leur « être », au sens littéral, seulement avec leur « faire ». Nous entendions des phrases telles que : « Il faut maintenir coûte que coûte une pression à la tâche, puisque c'est elle qui donne du sens à la vie de l'équipe. Ralentir ce serait s'effondrer. » Cette équipe de direction entamait systématiquement des discussions par e-mail le dimanche après-midi pour réponse lundi matin.

En tant que manager, il vous appartient d'avoir une attitude écologique, c'est-à-dire respectueuse des rythmes biologiques.

Garde-fous : quelques pistes de travail

Au niveau individuel

À vous de trouver ce qui vous convient le mieux et d'ajouter à cette liste vos propres idées.

> **Sur le plan physique :** détendre la nuque, les yeux fermés, en dessinant de larges cercles avec votre tête, dans un sens puis dans l'autre et en respirant profondément.
> Décompresser en fixant un point sur le mur pendant deux ou trois minutes.
> Masser le « chemin de la mémoire » sur le bord interne de vos pieds, de la base du talon jusqu'au gros orteil.

> **Sur le plan émotionnel :** prendre un café ou déjeuner avec un collègue dont vous êtes proche, faire un dîner joyeux avec de bons amis, aller voir une personne qui vous est chère, jouer avec vos enfants…

> **Sur le plan intellectuel :** aller au cinéma, regarder une série, lire un roman, une revue ou une BD, aller voir une exposition…

Au niveau de l'équipe

Utilisez les indicateurs physiques. Alors que votre réunion a démarré il y a deux heures et que le sujet traité demande plus de temps que prévu, si vous prenez du recul, observez les visages, les attitudes, les comportements, qu'est-ce que cela vous dit sur le niveau d'énergie de votre équipe, sur son besoin physiologique ? À partir de cette information, vous déciderez de continuer, d'indiquer dans combien de temps on s'arrête, de faire une pause qui n'était pas prévue... Vous pouvez aussi poser une question très directe : « Sur un niveau de 1 à 5, où en est votre énergie maintenant ? » Si le niveau est bas pour certains ou pour tous, vous pouvez demander ensuite à l'équipe quelles sont ses idées pour retrouver de l'énergie, se ressourcer dans l'instant ? Si l'idée testée porte ses fruits, elle peut même devenir un rituel.

Retours sur apprentissage. De temps à autre, faites le point avec vos collaborateurs sur ce qui a été facile à réaliser et au contraire, plus délicat. Ces retours d'expérience sont aussi des manières de canaliser les énergies débordantes et de rappeler le cadre des activités. Ce sont des temps d'intégration, des plateaux où l'on peut marcher sans se fatiguer avant de reprendre une montée.

Variez les plaisirs pour développer l'écologie. En tant que dirigeant ou manager, vous avez la possibilité de proposer de nombreuses initiatives à vos équipes pour leur permettre de gérer leur énergie dans les meilleures conditions. Ou, encore mieux, de demander à vos collaborateurs ce qui leur permettrait de récupérer, de se ressourcer. Voici quelques exemples : la pause-déjeuner, si typiquement française, a le mérite de nous faire changer de rythme, donc de ralentir la course pendant au moins trente minutes. Les plateaux-repas permettent de rester à table tout en travaillant..., le concept est intéressant dans une idée de performance à court terme. Il devient contre-productif lorsque les collaborateurs redoutent de devoir encore rester assis au lieu de sortir prendre l'air, d'aller à la cantine, de se changer les idées. Donc le message est ici : respectez les pauses-déjeuner.

Posez un cadre, des limites horaires pour les réunions, le temps de présence au bureau, l'envoi des e-mails... Organisez des réunions à l'extérieur ou dans un autre espace que celui utilisé habituellement. Et puis, dédiez un espace pour des microsiestes, organisez des rendez-vous sportifs à l'heure du déjeuner, des ateliers de pleine conscience, la possibilité d'avoir un fond musical...

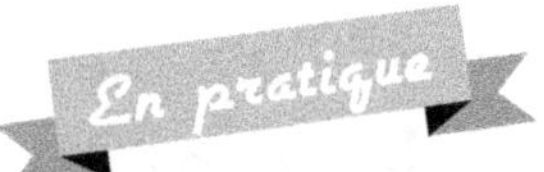

Si votre équipe brûle ses cartouches, il va vous appartenir de lui réinsuffler en chacun de ses membres cette énergie constructive qui vient à manquer. Pour ce faire, invitez plutôt les personnes à prendre soin d'elles. Là encore, l'idée peut sembler saugrenue dans le contexte exigeant de la vie professionnelle. Et pourtant, développer l'écologie de soi est crucial... Pour le moment, retenez surtout qu'il va s'agir pour vous de convaincre vos équipes qu'il est parfois essentiel de savoir perdre du temps pour en gagner au centuple après.

Sûrs d'eux puis autodestructeurs

Si l'on préfère des collaborateurs témoignant d'une certaine confiance en eux et capables de s'affirmer dans leur communication, trop point n'en faut ! En l'occurrence, mal gérée, l'assurance se traduit par « je peux prendre tous les risques ». Pour les équipes sous stress élevé, cela se manifeste par la volonté d'aller jusqu'au bout, d'atteindre le résultat quel qu'en soit le coût. Les personnes sont tellement sûres d'elles qu'elles peuvent prendre des risques inconsidérés ou sous-estimés. Ce comportement destructeur peut engendrer de graves conséquences, en particulier des erreurs professionnelles et relationnelles dont l'impact peut dépasser largement le cadre de l'équipe ou de son cercle immédiat dans l'entreprise. Au moment d'écrire ce livre, le récent scandale de Volkswagen en est une illustration : une tricherie à l'échelle internationale. La marque, par le biais des personnes qui ont organisé ce délit, était tellement sûre d'elle qu'elle s'est crue inatteignable, au-dessus de tout soupçon ; jamais elle ne se ferait prendre la main dans le sac. À une plus petite échelle, une PME complaisante avec ses exigences qualité pour l'un de ses produits a vu son image détruite par les consommateurs sur les réseaux sociaux.

Nous pouvons comparer ceci à la destruction d'un écosystème, qui passe de la culture saisonnière à la culture intensive, avec pour première victime l'environnement... Ces graves dérapages soulèvent des questions d'éthique. L'éthique est une des valeurs fondamentales affichées souvent d'ailleurs dans la « charte éthique » de l'organisation. Elle est un des garde-fous de la sûreté de soi. Quand elle est bafouée, le risque d'auto-destruction est élevé.

Un autre comportement qui part d'une bonne intention est le « laissez-moi faire ça pour vous... ». Cette attitude finit par écarter les autres sans que les individus n'en réalisent les conséquences. La foi, la certitude, l'assurance ne laissent pas la place pour autre chose. Les personnes embarquées dans ce passage dangereux de la confiance en soi vers des comportements autodestructeurs finissent par prendre leurs hypothèses de travail pour des réalités. Or une hypothèse ne doit pas être traitée au même niveau qu'une conviction, sous peine d'un échec cuisant.

Regard sur une situation réelle

Un manager s'est trouvé assigné pour harcèlement moral par un membre de son équipe. Il a été totalement pris au dépourvu. Il faisait tellement pour ou à la place de ses collaborateurs dans le souci de bien faire, que les membres de son équipe n'osaient plus s'absenter, ni prendre de congés tant ils se sentaient coupables de ne pas s'investir avec le même degré d'intensité.

Garde-fous : quelques pistes de travail

Au niveau individuel

Prévenez-vous d'une trop grande assurance. Il s'agit d'écouter vos pairs, vos collaborateurs, vos amis qui pourraient dire par exemple : « Mais n'en fais-tu pas trop tout seul ? Es-tu sûr que tu as le droit de faire cela ? N'as-tu pas peur des conséquences ?... »

Au niveau de l'équipe

Définissez, avec votre équipe, ses principes de fonctionnement. L'objectif pour les membres de votre équipe sera de retrouver une sérénité qui leur permettra de donner à nouveau le meilleur d'eux-mêmes. Cela passe par un travail sur soi, d'introspection. Listez, en équipe, ce qui est essentiel, non négociable pour mieux travailler ensemble : « Quels principes, quelles règles du jeu ou valeurs voulons-nous respecter ? » Par exemple : dire ce qui nous gêne, au fur et à mesure et à la personne concernée. Ou accepter les avis différents, sans chercher à objecter, ou encore terminer systématiquement nos réunions à l'heure.

Écoutez avant de décider. Avant d'entamer la phase action, vous pouvez demander à votre équipe comment chacun vit cette décision, comment elle vient l'impacter. Sans remettre pour autant la décision en question. Cet échange vous donnera des indicateurs pour focaliser votre attention dans l'accompagnement de la mise en œuvre.

Renforcez le collectif pour protéger l'équipe des dérapages individuels. Nous avons vu plus haut comment renforcer la dynamique collective. Si un acte individuel isolé représentant un dérapage apparaît, vous-même ou l'équipe pourrez le nommer. Vous valoriserez le fait qu'il soit expliqué, partagé pour être désamorcé le plus tôt possible et surtout pour remonter à la source de la dérive. Elle trouve parfois des explications dans un dysfonctionnement organisationnel. Si plusieurs actes sont commis de même nature dans une équipe, par exemple le non-respect du cadre avec des abus, vous vérifierez si quelque chose ne peut se dire, s'avouer, car cela entraînerait de la culpabilité, voire de la honte.

Encouragez l'équipe à partager sur son travail :

> De quoi ai-je été le plus fier depuis ces dernières semaines ? et le moins fier ?

> Ai-je dû renoncer à faire de la qualité ? Comment cela s'est-il traduit ?

> Où pourrais-je être en difficulté et quels seraient les points d'appui que nous pourrions mettre ensemble pour éviter des dérives ?

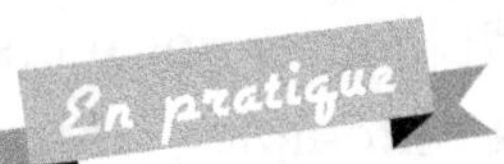

Il est essentiel de favoriser le fait que chacun soit responsable de son niveau d'engagement.

Si l'on reprend l'étymologie du mot, chaque personne responsable de son niveau d'engagement doit « répondre de » ses actes. Et pour le faire en toute sérénité, l'équipe doit se connaître. La connaissance de soi, de l'équipe, passe par un travail sur soi, des temps d'introspection.

Pour aller au-delà du partage sur le travail, chacun dans l'équipe peut s'interroger par exemple sur :

— ce qu'il veut avoir accompli, ses combats, ses enjeux ; ce en quoi ils sont importants pour lui, pour d'autres et les risques inhérents ;

— la façon dont il accorde ses valeurs avec celles de l'équipe et, plus largement, la vision de l'entreprise ;

— les priorités qu'il a à revisiter.

En conclusion

Grâce à votre vigilance, cette compétence à décrypter les signaux faibles (et forts *a fortiori*) au sein de votre équipe vous permettra de maintenir la performance puisque les comportements à risques seront sinon totalement endigués, du moins pris suffisamment à temps pour être traités.

Tableau récapitulatif : les comportements positifs, les dérives et les solutions

Comportement attendu	Comportement à endiguer	Stratégie managériale pour sortir de la spirale négative
Une ambition qui permet une certaine liberté dans les agissements en interdépendance avec les autres.	Dépendance à l'engagement pris au point de ne plus distinguer sa propre personnalité de l'action à mener, du projet à défendre.	Développer l'accueil en restant ouvert aux autres, à leurs idées, en sachant reconnaître leurs potentiels comme leurs limites.
Une intelligence vive qui nourrit l'exercice de la fonction de chacun au sein du groupe.	Focalisation au point d'avoir des œillères et de laisser passer des informations importantes.	Encourager le développement de l'intelligence émotionnelle, de l'intuition, la réhabiliter dans la pratique professionnelle.
Une légitimité partagée par ses pairs.	Perfectionnisme aveugle qui isole. Tendance à tout porter sur ses épaules, à se responsabiliser au-delà de ce qui est exigé.	Recréer du lien pour redéployer sa légitimité au service de la vision de l'organisation.
Une énergie constructive qui peut même étourdir sous l'effet d'une certaine exaltation.	Impression d'omnipotence au point de négliger ses propres limites et d'épuiser ses ressources physiques ou psychiques, voire les deux.	Prendre soin de soi, devenir « écologique » avec soi pour l'être auprès des autres. Se rappeler que l'objectif n'est pas le seul... objectif, et que l'équilibre intérieur est primordial.
Une confiance en soi qui permet d'agir avec détermination.	Illusion de toute-puissance qui fait prendre des risques non calculés ou qui pousse à « aller jusqu'au bout » au péril de soi et du projet et de l'équipe.	Trouver une nouvelle sérénité, une paix intérieure en acceptant ses forces et ses faiblesses et prendre le temps de le faire, sans culpabiliser.

C'EST À VOUS

Nous vous proposons un exercice en deux temps :

- un auto-diagnostic de votre capacité actuellement à évaluer ces signaux ;
- une évaluation de ce que vous pensez de votre équipe sur ces mêmes points.

Temps 1 : vous

Sur une échelle de 1 (niveau le plus bas) à 10 (le niveau où vous n'êtes pas loin de basculer dans un comportement à risque) : « Jusqu'à quel point je me sens... » (entourez le chiffre approprié) :

- **A**mbitieux au point de devenir dépendant : 1 2 3 4 5 6 7 8 9 10
- **I**ntelligent au point d'être focalisé : 1 2 3 4 5 6 7 8 9 10
- **L**égitime jusqu'à me surinvestir : 1 2 3 4 5 6 7 8 9 10
- **É**nergique jusqu'à ne plus sentir de limites : 1 2 3 4 5 6 7 8 9 10
- **S**ûr de moi au point de m'autodétruire : 1 2 3 4 5 6 7 8 9 10

Temps 2 : votre équipe

Sur une échelle de 1 à 10 : « Jusqu'à quel point je perçois mon équipe... » (entourez le chiffre approprié) :

- **A**mbitieuse au point de devenir dépendante : 1 2 3 4 5 6 7 8 9 10
- **I**ntelligente au point d'être focalisée : 1 2 3 4 5 6 7 8 9 10
- **L**égitime jusqu'à se surinvestir : 1 2 3 4 5 6 7 8 9 10
- **É**nergique jusqu'à ne plus sentir de limites : 1 2 3 4 5 6 7 8 9 10
- **S**ûre d'elle au point de s'autodétruire : 1 2 3 4 5 6 7 8 9 10

Et maintenant, selon les écarts entre votre auto-évaluation et l'évaluation que vous faites de votre équipe, fondée sur vos perceptions, vous pouvez envisager quelle initiative mettre en place en priorité pour manager votre équipe. Par exemple, vous avez entouré 5 à l'indicateur « Intelligent » et vous avez entouré 7 pour le même indicateur concernant votre équipe. Cela pourrait laisser entendre que vous avez toujours, à titre personnel, le souci de rester ouvert aux tendances, aux courants, aux recherches, aux évolutions de vos concurrents ou de vos partenaires. Cependant, selon votre avis concernant votre équipe, 7 laisse entendre que vos collaborateurs commencent tous, ou une grande majorité d'entre eux, à perdre de vue que l'objectif n'exclut pas de garder un œil ouvert sur le reste du monde ! Conclusion : avant que l'écart ne se creuse davantage, commencez à mettre en place des espaces pour que vos collaborateurs travaillent sur leur intelligence émotionnelle.

Partie 2

La performance humaine et soutenable dans le monde de la modification

Après *la continuation*, qui vous invitait dans une logique managériale centrée surtout sur le futur immédiat, l'action pour assurer la production, nous allons nous attarder dans les prochains chapitres sur *la modification*. En tant que manager cela vous orientera vers le questionnement, vers une analyse en profondeur des enjeux de l'entreprise et pour commencer, de ceux de votre équipe. Et c'est en maîtrisant tant la continuation que la modification que vous atteindrez cette performance soutenable, comme nous le verrons dans la troisième partie de ce livre.

Quand on se situe sur l'axe de la modification (voir notre figure 1 dans l'introduction, page 9), il faut accepter d'introduire de la nouveauté, de laisser le passé derrière soi. Non pas de le renier, mais de ne pas s'y attarder pour être en capacité de saisir les opportunités qui méritent d'être considérées. Avec l'axe de la modification, vous entrez dans l'univers de l'inconnu et cela vous conduit à renoncer à vouloir tout contrôler, tout décrypter, tout analyser. Vous ne pouvez pas (encore) avoir réponse à tout et c'est normal ; sain, même. Sinon vos certitudes vous feraient courir le risque de passer à côté de la modification nécessaire à long terme pour contribuer à la performance.

L'axe de la modification vous oblige à accepter qu'il est impossible de s'appuyer sur les preuves du passé pour avancer.

Dans cette deuxième partie, nous commencerons par présenter trois incontournables pour comprendre le type de changement qui prévaut dans la modification. Puis, nous verrons dans le chapitre suivant les enjeux propres à cet axe formalisés sous l'appellation INSPIRE. Enfin, tout comme nous avons AILES en garde-fou dans la continuation, nous vous transmettrons de nouvelles compétences, encore peu mises en avant dans l'entreprise, pour accompagner la modification. À côté de ces compétences, vous découvrirez aussi une posture d'accompagnement pour soutenir la mobilisation des acteurs dans la durée.

Alors que la partie 1 se centrait sur l'art d'installer la *confiance* pour continuer les opérations, la partie 2 va approfondir la notion de *désir*, indispensable pour engager les modifications. Le mot « désir » est rarement employé en management, tant on lui préfère les objectifs, les besoins, les cibles, les demandes, les attentes et autres notions certes essentielles. Dans une logique de performance humaine et soutenable, à la source de ces notions, se trouve le désir de chacune et de chacun, en commençant par votre propre désir de modification.

Chapitre 4

LES INCONTOURNABLES À L'AUNE DE LA MODIFICATION

Nous nous situons ici dans ce temps consacré à dépasser la réalité ou l'ordre établi pour introduire de la nouveauté. C'est la dimension analytique de l'entreprise. Vous partez de l'analyse du présent et en même temps vous osez rêver un futur. Comme précédemment sur l'axe de la continuation, nous vous inviterons à considérer trois données : le changement, la prise de décision et, enfin, l'autorité.

Conduire les modifications à travers les ruptures

Pour réussir à créer les conditions d'une performance soutenable, il est nécessaire de différencier le type de changement à mener. Dans le premier chapitre, nous avons décrit les changements de type 1, plus caractéristiques de la « continuation ».

Dans la « modification », ce sont les changements de type 2 qui nous intéressent. Il n'est plus question de faire la même chose pour accompagner l'évolution du groupe et de ses projets. En tant que manager ou dirigeant, vous allez autant créer ou initier des actions que supprimer ce qui est obsolète ou inutile, pour accueillir la nouveauté dans un cadre de référence modifié.

Rappelons ici le principe inéluctable d'homéostasie : un système, un groupe de personnes est naturellement enclin à rechercher son propre équilibre et à activer des forces de non-changement si l'on tente d'y porter atteinte, même pour le meilleur.

C'EST À VOUS

Pour un autodiagnostic, cochez l'affirmation qui vous correspond le plus lorsque **vous vous opposez** à une demande de changement :

Attitude	A		B	
Soutien	Je ne veux pas soutenir ce changement	❑	Je ne peux pas soutenir ce changement	❑
Engagement	Je ne serai pas d'accord avec nombre de leurs propositions	❑	Mon groupe ne sera pas d'accord avec nombre de leurs propositions	❑
Choix	Je décide de résister aux nouvelles directives	❑	Je suis obligé de résister aux nouvelles directives	❑
Stabilité	La plupart du temps, je n'aime pas les changements	❑	La plupart du temps, mon groupe n'aime pas les changements	❑
Calcul	Ce n'est pas dans mon intérêt de changer	❑	Ce n'est pas dans l'intérêt de mon groupe de changer	❑
Rébellion	Je ne veux pas que mon équipe utilise du temps pour cela	❑	Mon équipe n'aura pas le temps	❑
Opposition	Je veux bloquer les changements proposés	❑	Je dois bloquer les changements proposés	❑
Stratégie	Je ne vois pas les bénéfices de ces changements pour le groupe	❑	Mon « groupe » ne voit pas les bénéfices de ces changements	❑
Prédiction	Ces changements ne marcheront pas	❑	Ces changements ne peuvent pas marcher	❑
Prudence	Je ne souhaite pas investir la somme nécessaire à ce changement	❑	La direction financière n'acceptera pas cet investissement	❑

Chacune des réponses pourrait convenir. On peut dire cependant que plus on choisit de réponses A, plus on est maître de ses résistances, plus on choisit de réponses B, plus on a tendance à rejeter la responsabilité de ses résistances sur quelqu'un d'autre ou quelque chose d'autre.

Vous avez choisi

Entre 9 et 10 réponses A : vous prenez plutôt la responsabilité de vos résistances et vous pouvez les travailler avec efficacité.

Entre 6 et 8 réponses A : vous avez tendance à éviter de prendre des décisions difficiles seul.

Entre 0 et 5 réponses A : vous vous sentez plutôt victime du système, avec peu d'énergie pour faire que les choses soient comme vous aimeriez.

Vous vous souvenez que dans l'axe de la continuation et donc du monde « connu » (p. 25), il nous fallait vivre avec le compliqué et un grand nombre de règles. Cette fois-ci, dans l'axe de la modification, nous allons plonger dans la complexité des situations. Nous ne parlons plus d'amélioration continue, mais de polarités, de différences radicales. Nous aimons croire que la complexité du monde devient une opportunité pour ceux qui osent l'entreprendre. Quelques repères simples et nouveaux doivent être formalisés pour éviter de basculer dans le chaos.

Focus

La complexité, tout simplement

Lorsqu'une situation est complexe, nous ne pouvons pas appréhender l'ensemble des facteurs et des interactions de façon exhaustive. Edgar Morin fait référence à la racine latine : « *Complexus*, ce qui est tissé ensemble, comme dans une tapisserie il faut voir la figure d'ensemble. » La complexité ne se simplifie pas, alors que le compliqué se simplifie en faisant appel à une grande capacité analytique, voire mathématique pour trouver LA solution.

En revanche, la complexité peut s'aborder tout simplement. Nous en sommes tellement convaincus que nous utilisons cette expression comme devise dans le logo de Trajectives. Pour naviguer dans la complexité de manière simple sans être simplistes nous proposons notamment l'utilisation de boussoles. Avec une boussole vous pouvez retrouver votre direction. Un outil permet de faire une action, même compliquée, avec précision, mais si vous n'avez pas le bon outil... vous êtes bloqué ! Que faire de ma lampe si j'ai besoin d'un tournevis ? Une boussole peut s'utiliser quel que soit l'environnement, elle vous donne un repère précieux. Les schémas que nous vous proposons sont nos boussoles : les changements de type 1 et 2, les décisions de type A et B pour ne citer que ceux-là.

Dans la complexité qu'apporte le monde de l'inconnu, vos équipes ont besoin de repères. S'il est en général assez simple de trouver des bénéfices à l'évolution dans l'axe de la continuation et de les nommer pour maintenir les opérations (par exemple, ce dirigeant qui souhaitait affiner le reporting des opérations commerciales pour avoir un meilleur monitoring des ventes additionnelles), il est souvent plus délicat de lâcher l'existant pour faire de la place au nouveau (par exemple, arrêter tout simplement le reporting et encourager l'autogestion).

Nous passons de la notion de dualité où l'on cherche à amplifier ce qui est bon et à diminuer ce qui est mauvais (le monde du connu et de la continuation), à la notion de polarités où les différences sont mises en lumière (monde de la complexité et donc de la modification).

Les polarités sont à la fois une source d'ouverture à la complexité et des repères dans la complexité. Imaginez un continuum dont chaque extrémité représente un pôle opposé.

Dans la dualité, par exemple, les pôles noir et blanc sont séparés. Dans le principe des polarités, ils sont reliés et amènent une infinité de nuances de gris. Les polarités sont un défi à la créativité. Elles élargissent aussi la connaissance et la conscience. Par exemple, dans l'exécution d'un cahier des charges, sur un même continuum, où vous situez-vous le plus souvent, du côté de la rigueur ou du côté de la souplesse ? Chacune de ces polarités comporte en elle-même du positif et du négatif. Si l'on est fixé sur l'un de ces deux pôles, on risque de tomber soit dans la rigidité, soit dans le laxisme. Dès que l'on a conscience de l'autre polarité, nous pouvons naviguer sur le continuum pour nous ajuster aux paramètres de chaque situation. Voilà en quoi les polarités sont des repères. Si l'on envisage toutes les polarités présentes au sein d'une même situation, cela ouvre encore plus à la complexité.

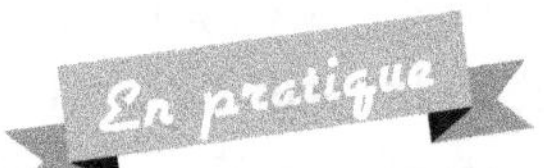

Exemples de polarités :
— Performance ↔ Apprentissage
— Développement ↔ Conservation
— Différenciation ↔ Intégration
— Décentralisation ↔ Centralisation
— Orientation processus ↔ Orientation production
— Résultats court terme ↔ Résultats long terme
— Innovation ↔ Standardisation
— Coûts ↔ Qualité

La notion de polarités invite à vous ouvrir aux multiples réalités que vos collaborateurs peuvent vivre face à une modification. Contrairement à la continuation, dans la modification, la norme change. Vous le voyez sur le graphe ci-contre, la norme, représentée par la ligne en pointillés, a changé de place. C'est ce que l'on appelle la « rupture ».

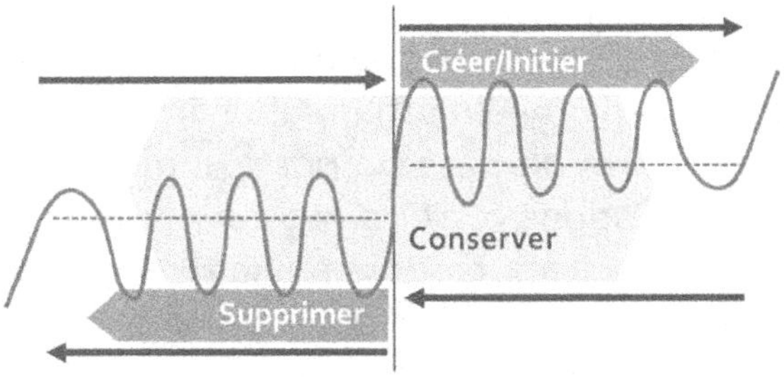

Figure 4.1

Quand vous menez des changements de type 2, vous travaillez avec votre équipe sur les trois dynamiques de rupture suivantes.

> Créer/initier : une nouvelle culture, une nouvelle stratégie, une nouvelle équipe, un nouveau business : quelque chose que le dirigeant propose pour la première fois, les innovations, les réinventions. Regardons l'exemple de Jane.

Jane est directrice marketing international dans un grand groupe bancaire. Le digital monte en puissance au sein du groupe et fait l'objet de batailles de territoires entre le marketing, la communication et la direction informatique. Jane présente aujourd'hui devant le comité de direction un projet de Digilab en alliance avec des experts basés aux États-Unis et en Inde. Cette entité deviendrait une cellule de recherche et développement au service de l'ensemble du groupe, dont la gouvernance reviendrait à des experts des trois directions sous l'égide d'un comité stratégique. Jane prend le risque de faire éclater l'existant, de bousculer les croyances, pour aller vers une nouvelle manière d'envisager l'avenir, ne pas rater le virage du digital et anticiper l'impact du *big data* sur les activités bancaires.

> **Conserver** ses valeurs, son cœur de métier, ses facteurs clés de succès : quelque chose que le dirigeant doit préserver parce que c'est un socle essentiel pour lui et pour la poursuite de l'entreprise. C'est le « paradoxe de la création » : pour réinventer et renouveler son organisation, le dirigeant doit consolider ses fondamentaux, c'est-à-dire ce qui ne bouge pas, ce sur quoi il peut s'appuyer ; la stabilité fait partie du processus de changement. Regardons l'exemple de Jean-Michel.

Il est nommé à la tête d'une unité opérationnelle dans le monde énergétique avec la responsabilité de mener une réorganisation importante des métiers et des territoires. Dans son discours de prise de poste, il montre sa détermination à mettre en œuvre des modifications et veille aussi à nommer ce qui sera pérenne et ne changera pas, parce qu'ayant contribué à la réussite de l'entreprise. Ses collaborateurs le remercieront, se sentant reconnus dans ce qu'ils avaient pu construire dans le passé. Jean-Michel sera très surpris par l'énergie qu'il a ainsi déclenchée.

> **Supprimer** une activité, un métier, une façon de faire, une procédure : quelque chose qui est maintenant obsolète, encombrant et qui doit disparaître totalement pour laisser la place au nouveau. Cela est le complément du « paradoxe de la création » : pour pouvoir renouveler son organisation, le dirigeant doit décider ce qu'il veut arrêter de faire. Regardons l'exemple de Joël.

Il est responsable d'une région de ventes dans un grand groupe textile composé de trois bureaux répartis sur la région ouest. Chaque région disposait d'une assistante pour les prises de rendez-vous et les travaux de secrétariat. La mise en œuvre de la nouvelle vision de l'entreprise occasionne notamment la suppression du rôle des assistantes, donnant aux commerciaux plus d'autonomie dans l'organisation de leur travail grâce aux technologies à leur disposition.

- Faire évoluer une norme de manière implicite peut conduire à de la maltraitance car les feedback ne sont plus adaptés et deviennent alors des critiques, voire des jugements. En revanche, les ruptures de normes (supprimer, créer), même si elles sont inquiétantes, vont permettre la continuité des feedback dans un nouveau référentiel et faciliter l'intégration de la nouvelle norme. Par exemple, donner du feedback à un collaborateur sur sa capacité à prendre des risques alors que jusqu'à présent cela n'avait jamais été clairement défini ou partagé avec lui comme un besoin pourrait entraîner de l'incompréhension, de la culpabilité et de la démotivation pour continuer à faire ce qu'il fait très bien.

- Notre expérience nous amène à recommander aux dirigeants de donner une place particulière à ce qui sera conservé et à nommer explicitement ce qui ne va pas changer. En effet, lors de ruptures, de modifications radicales, les collaborateurs ou personnes concernées ont d'abord besoin d'entendre ce qui sera toujours là demain, ce sur quoi s'appuyer pour faire le premier pas, comme notre pied d'appel qui doit être sur du solide pour nous permettre de sauter.

Définir ce qui reste stable lors d'une modification majeure est au cœur de votre fonction. Identifiez une modification que vous souhaitez introduire et trouvez, pour vous, déjà deux ou trois polarités. Puis vous regarderez ce qui ne change pas dans cette situation. Par exemple, « l'entreprise déménage, mais je commence toujours à 8 heures du matin ».

En pratique

Quand vous vous adressez à vos collaborateurs, veillez à la formulation des questions qui, en partant du passé, témoignent d'un attachement trop fort aux repères de l'ancien paradigme ou de l'ancien modèle dans lequel vous évoluiez.

Voici quelques exemples (question orientée continuation/question orientée modification) :

- Qu'est-ce qui n'a pas changé ?/Qu'est-ce qui a changé indubitablement ?
- Qu'est-ce qui ne saurait être ?/Où sont les principales incertitudes ?
- Qu'emportez-vous avec vous dans votre futur ?/Qu'est-ce qui a déjà commencé à changer ?
- Que préservez-vous qui ne peut s'arrêter ?/Que laissez-vous derrière vous, à quoi renoncez-vous ?

Décider dans le monde « inconnu »

Lorsque vous engagez une modification profonde, prendre des décisions courageuses, c'est lever les obstacles que les équipes ne vont pas manquer de rencontrer dans sa mise en œuvre. La modification passera l'épreuve de la réalité avec les actions nouvelles mises en place et/ou ce qui a été supprimé.

Ces décisions touchent le monde de l'inconnu puisque dans la logique de la modification, nous sommes en rupture volontaire avec ce que l'on sait déjà, ce qui a fait ses preuves par le passé. Vos équipes vont s'en remettre à vous pour aller de l'avant. Or prendre des décisions dans un environnement « flou » n'a rien d'évident ! Ce type de décision nécessite des leaders, des dirigeants ou des managers qui soient capables de mettre en œuvre des actions dans un environnement « incertain ».

Dans le premier chapitre, nous évoquions les décisions de type A qui appartiennent au monde du connu. Pour le monde de l'inconnu, un autre type de décisions vous incombe. Nous les appelons les « décisions de type B ».

Comme l'indique la figure 4.2 :

> les décisions de type B, de plus en plus fréquentes, représentent les situations où le temps de préparation est court et la quantité d'informations pour prendre une décision est faible. La documentation de la décision et les plans d'actions ne peuvent être étayés. Il est alors nécessaire de coconstruire la mise en œuvre pour que la décision prise devienne la bonne ;

> sans rentrer dans l'expertise des contenus, c'est aujourd'hui une difficulté objective de prendre des décisions dans un environnement complexe et incertain. Cela demande de renoncer à une partie de l'expertise traditionnellement mise au service de la préparation en amont de la décision, de décider plus rapidement et d'investir *a posteriori* la prise de décision. Il s'agit, dans des contextes de modification, de décider sans la certitude d'avoir pris la « bonne » solution, car celle-ci se construit en chemin.

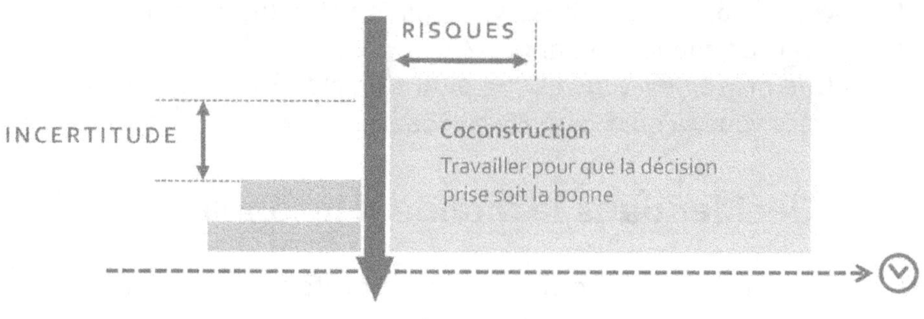

Figure 4.2

 ## LA QUESTION QUE VOUS VOUS POSEZ

« Pourquoi le temps de préparation est-il court ? Si l'on est dans l'approfondissement pour élaborer des stratégies à long terme nous projetant dans un monde inconnu, on a le temps pour élaborer ces décisions, non ? »

Le temps de préparation est court, tout d'abord parce que les modifications, vous le savez, se succèdent de plus en plus rapidement. Et puis l'agilité demande de pouvoir saisir les opportunités qui passent. Enfin, il peut y avoir plus de risques à attendre et à laisser traîner une situation de crise.

Et de la même façon, pourquoi la quantité d'informations serait-elle faible ? Tout d'abord, la quantité d'informations disponibles est en augmentation constante. Si les outils d'accès à l'information se multiplient aussi, en revanche, nos ressources, elles (notamment en temps), restent limitées pour les appréhender. Enfin poser des questions risquerait de dévoiler trop tôt une stratégie en cours d'élaboration.

Les risques, à ce stade, seraient de ne pas exécuter la décision prise ou de la mettre en œuvre sans en affiner les contours au fur et à mesure de l'avancement. Une fois la décision prise, il s'agit d'écouter les signaux faibles (en cas de besoin, relisez ce que nous écrivions à ce sujet dans le chapitre précédent page 46 comme des sentinelles qui vous indiquent les points de vigilance pour réussir votre pari. Au cours de la réalisation des actions, toute question ou information contraignante, loin d'être assimilée à une démonstration de résistance, devient un signe (un signal faible) d'une information manquante dans la préparation. Elle contribue à apporter des réponses au flou initial. En effet, au fur et à mesure de son déploiement le flou diminue et apporte donc aux collaborateurs comme à vous-même une source d'ajustement essentielle à l'implémentation réussie.

> Quand la décision a été prise et que l'on doit faire en sorte que ce soit la bonne, on peut, au début ressentir la peur de ne pas voir le bout du chemin ou la crainte de ne pas savoir comment faire. Le flou, l'incertitude sont présents au début et c'est bien normal. Au fur et à mesure des initiatives mises en œuvre, de nouvelles données apparaissent, des contraintes ou des ouvertures qu'il va s'agir d'intégrer ou de rejeter pour garder son cap, d'où l'intérêt de posséder des boussoles !

Que vous soyez dans l'axe de la continuation (décisions de type A) ou dans l'axe de la modification (décisions de type B), vous aurez à veiller à bien les différencier, sans les mixer.

C'EST À VOUS

Notez dans ce tableau les décisions de type B que vous avez prises récemment.

Mes récentes décisions de type B
- Annuler une rencontre clients pour gérer un accident sur site.
- Modifier l'agenda de réunion pour célébrer la nouvelle d'un succès.
- Face à un collaborateur épuisé et en difficulté, retirer sa charge de travail et lui demander de rentrer chez lui sur-le-champ.
- Au vu des mauvais résultats de la filiale étrangère, transférer le budget France pour réinjecter du financement.
- Arrêter la production d'un produit en chute libre.
- Etc.

À vous maintenant :

■ ....

■ ....

■ ....

■ ....

Vous avez identifié que l'environnement changeant vous conduit à mener des changements de type 2 ou des modifications profondes. Vous avez aussi compris que le type de décision est différent... et pourtant... vous êtes toujours le même ! Alors que vos équipes, elles, ne vont pas se comporter de la même façon ni attendre de vous le même leadership, le même management.

Nous allons voir maintenant (comme nous l'avions fait pour l'axe de la continuation), quelle forme d'autorité est la plus ajustée à l'axe de la modification pour que chaque membre de l'équipe y apporte toute sa personne, ses qualités d'être, en plus de ses savoir-faire.

Chacun alors pourra :

> prendre conscience des différentes dimensions de son rôle ;

> utiliser de façon fluide sa créativité et son intelligence de situation ;

> rester en lien avec ses pairs et le reste de l'organisation.

Incarner l'autorité dans le monde du « non-connu »

Tout d'abord, un premier rappel pour bien comprendre ce qui va suivre : la distinction entre pouvoir, autorité et charisme. À cet égard, je vous renvoie à nos propos, page 15 et à notre figure 3, page 16.

D'autre part, rappelons que nous identifions trois types d'autorité : l'autorité de type « père » à mettre en œuvre quand vous intervenez sur l'axe de la continuation, l'autorité de type « chef », que nous allons développer maintenant, pour manager sur l'axe de la modification. Enfin, nous verrons l'autorité de type « maître » quand, dans la troisième partie de ce livre, nous vous montrerons comment pratiquer cette performance soutenable en tenant simultanément les deux fils de votre cerf-volant : la continuation et la modification.

L'autorité du chef se conçoit autour de celui (ou de celle) qui prévoit et guide, qui a vu plus loin que les autres, qui a conçu un projet. C'est l'autorité axée sur l'avenir. Elle ne peut s'exercer qu'en se manifestant sous forme de projet. C'est une autorité du fait même d'avoir « tout devant soi ».

Deux mises en garde concernent cette forme d'autorité.

> La négliger, c'est prendre le risque d'ignorer les désirs de changement parce que c'est la dimension analytique de l'entreprise qui voit et comprend, tandis que l'autorité de type « père » vue précédemment représentait la dimension affective de l'entreprise.
> Prenons l'exemple d'un inventeur de génie qui a su créer de nouveaux appareils ménagers. Il a multiplié les innovations et les usines pour les produire et s'est développé avec succès jusque dans les années 1970. Ensuite, le marché s'est retourné avec l'arrivée des concurrents américains et asiatiques. Le dirigeant a continué d'appliquer les mêmes stratégies jusqu'à son départ et s'est peu à peu décalé du marché et des consommateurs. Les idées, la vision se sont asséchées et l'organisation n'a plus suivi. Cet exemple illustre combien ce dirigeant était dans l'autorité de type « chef ». Il n'y est cependant pas suffisamment resté dans la durée, cela est venu à manquer dans l'entreprise.

> La privilégier, c'est courir le risque de l'utopie, sans s'assurer que le projet est ancré dans la réalité de chacun et l'énergie disponible. Nous avons en mémoire ce témoignage d'un DRH parcourant le monde pour mobiliser les collaborateurs sur un projet innovant, recevant un accueil enthousiaste et réalisant une fois rentré au siège que les engagements étaient restés à l'état d'intention, tandis que les mots s'envolaient.

En conclusion, l'autorité attendue, quand vous vous installez dans l'esprit de la modification, est celle du chef qui inspire, qui s'appuie sur le pouvoir de la nouveauté, de la recherche et du développement, de l'innovation. « INSPIRE », c'est justement l'objet du prochain chapitre…

C'EST À VOUS

Quelle autorité de type « chef » incarnez-vous ?

Nous vous proposons de prendre un temps seul, en visualisant votre équipe, et de regarder aujourd'hui quelle place, importance vous donnez à ces questions.

J'ose rêver le futur de mon organisation :
- Suis-je prêt à sortir des sentiers battus ?
- Quelle place est-ce que je donne à la R&D et l'innovation ?
- Quels risques suis-je prêt à prendre pour réussir ?
- Suis-je accroché au passé ou suis-je guidé par mon inspiration ?
- Quelle permission puis-je me donner pour aller plus loin ?
- Suis-je clair sur la différence entre rêve, vision et axes stratégiques ?
- Quel sens a ce projet pour l'entreprise, pour moi, pour mon équipe ?
- Suis-je favorable à opérer des allers-retours entre mes collaborateurs et moi pour récolter les contributions sur le futur ?

Je communique le sens et génère de l'enthousiasme :
- Quelles sont les qualités relationnelles que je peux utiliser pour mobiliser les équipes ?
- Quels sont les canaux de communication les plus appropriés pour poser ce futur ?
- Quel est mon degré de confort pour exposer ma vision ?
- Quel est le meilleur moment et le meilleur lieu pour embarquer les équipes ?
- Comment puis-je aller encore plus loin en mobilisant mon intelligence émotionnelle ?
- Comment ne pas seulement poser la vision, le sens, mais toucher, créer un impact émotionnel pour mobiliser ?
- Sur qui puis-je m'appuyer pour créer une équipe de « supporters » de la vision ?

Chapitre 5

INSPIRER LE DÉSIR DE MODIFICATION

L'axe de la modification est, rappelons-le, centré sur l'envie de donner envie, sur le désir d'inspirer votre équipe à vous suivre dans le projet élaboré, la vision créée en amont. Autant sur l'axe de la continuation, vous allez tout mettre en œuvre pour construire la confiance, autant ici, vous allez sciemment laisser la place au doute pour permettre le choix des réactions. C'est la somme des doutes autant que la somme des engagements des membres de votre équipe qui conduiront et supporteront l'implication de chacun pour la réalisation de ce futur.

Dans votre organisation, vous allez créer les conditions pour que le futur que vous désirez réussisse. Et même plus encore : vous allez faire en sorte que les modifications indispensables à sa réalisation soient durables.

Nous vous proposons une démarche, INSPIRE, comme un itinéraire partant de votre vision pour aller jusqu'à sa réalisation. Au travers d'INSPIRE, nous visons les objectifs suivants :

> chaque collaborateur retrouve et déploie son énergie d'entrepreneur ;

> les résultats vont au-delà du futur que vous aurez dessiné ;

> les résultats s'inscrivent de façon pérenne ;

> l'ensemble de votre organisation vit mieux la succession de déséquilibres inhérents au désir de modification.

 LA QUESTION QUE VOUS VOUS POSEZ

« Vous employez beaucoup le terme de "modification". Pourquoi ne pas parler de "transformation" ou simplement de "changement" ? »

Au départ, il y a le désir ou la nécessité d'un changement qui va conduire du point A au point B. Comme nous l'avons vu précédemment, un premier type de changement plutôt « silencieux » est de l'ordre de la continuation.

Il se déploie par incrémentation : amplifier ce qui est bon et diminuer ce qui nuit à la performance.

Le deuxième type de changement, que nous traitons ici, est plus radical : il s'appuie sur la création d'un autre futur. Pour le distinguer du premier, nous le nommons « modification ».

Pourquoi « INSPIRE » ? Cette approche répond à quatre enjeux clés inhérents à l'axe de la modification.

> **Inspirer** le désir de modification à l'ensemble des collaborateurs.

> **Impacter** chacun dans sa réalité.

> **Impliquer** et générer l'engagement de chacun.

> **Intégrer** l'imprévu et reconnaître les résultats.

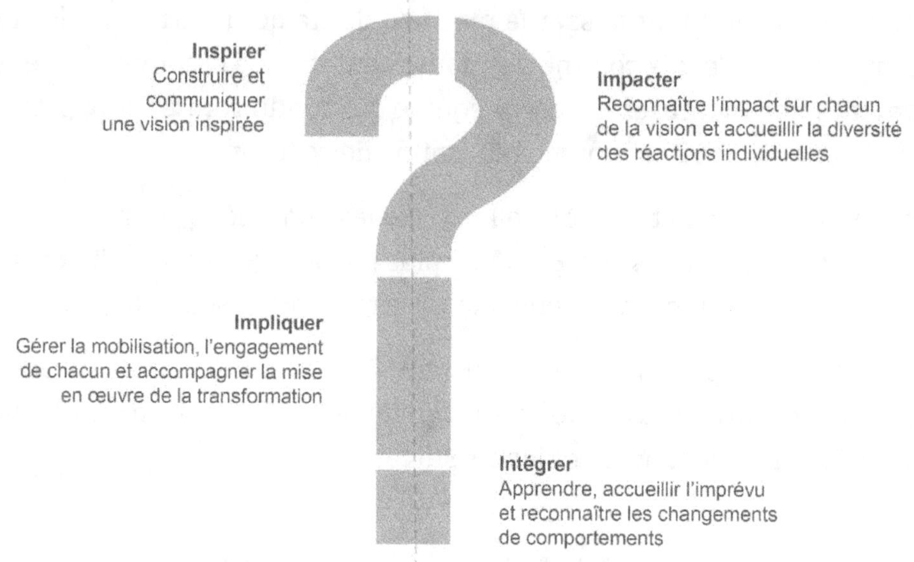

Figure 5.1

Cette démarche en quatre étapes clés est construite autour d'une interaction continue et fructueuse entre une personne ou une équipe, d'une part, qui désire un nouveau futur et, d'autre part, des cercles de plus en plus élargis de collaborateurs qui vont réaliser, adopter, traverser des modifications. Cette dynamique incite autant à la coconstruction d'un projet commun qu'à sa mise en œuvre novatrice. Elle prend des formes souvent impossibles à imaginer au démarrage.

Dans un premier temps, la personne ou l'équipe se consacre à la création d'une vision qui va **Inspirer.** Dans un deuxième temps, elle écoute avec exhaustivité l'impact que cette vision a sur chacun dans le présent, c'est l'étape **Impacter.** Le recueil des réactions permet alors de faire émerger des axes stratégiques, coconstruits, mobilisateurs, c'est l'étape **Impliquer.**

Enfin, il s'agit d'accompagner dans la durée et de manière pérenne, la mise en œuvre de la vision, d'encourager et de reconnaître les nouveaux comportements nécessaires à la modification, ce sera la dernière étape, **Intégrer.**

Reprenons en détail point par point.

Étape 1 – Inspirez le désir de modification

L'enjeu, ici, est de construire et de communiquer une vision inspirante. Dans un premier temps, vous vous donnez le temps de rêver, de permettre à votre créativité de s'exprimer. Puis, c'est en ancrant ce rêve dans la réalité qu'il devient votre vision. Ensuite seulement, vous communiquerez cette nouvelle vision pour la partager. Au manager (ou à l'équipe) d'imaginer cet état futur où il se donne l'ambition d'arriver. Cet état futur va nécessiter des modifications profondes, mais les modifications ne peuvent être inspirantes par elles-mêmes. Comment définir cet état futur ? Le rêve est un premier élément de réponse.

Pourquoi le rêve est-il indispensable ?

Si, dans les années 1980, la vision avait pour but de construire ou de défendre un avantage concurrentiel, aujourd'hui elle vise à remodeler l'espace concurrentiel, à en créer de nouveaux par le biais d'un changement organisationnel et de nouvelles règles du jeu. Or, sans rêve, il n'y a pas d'innovation possible. La performance vient d'une équipe qui ose rêver et qui, ensuite, permet au rêve de faire son chemin : les images se transforment et sont mises en mots pour s'ancrer dans le réel. Dans le rêve, le dirigeant, le manager et leurs équipes trouvent l'inspiration pour inspirer à leur tour l'ensemble des collaborateurs.

Il se peut que vous vous étonniez, dans un livre de management centré sur la performance, de lire noir sur blanc et à plusieurs reprises, le mot « rêve » et son verbe, « rêver ». C'est que, sans lui, aucune vision n'est envisageable. Et sans vision, il est impossible d'identifier les modifications indispensables pour développer une performance humaine et soutenable. Vous suivez l'enchaînement ? C'est un peu comme des dominos. Tous se tiennent.

Lorsque nous abordons cette étape de la vision avec des managers qui ne sont pas à la tête de leur organisation, leur réaction est souvent du type : « La direction a posé sa vision pour le groupe, ce n'est pas de mon ressort de créer la mienne. » Nous réfutons cet argument, car si la responsabilité du manager est de relayer la vision d'une instance supérieure, elle est aussi d'entraîner ses équipes en mettant du sens à leurs actions. Dans la logique des dominos, après avoir intégré la vision qui vous a été transmise, à votre tour, autorisez-vous à rêver ce qui peut concerner spécifiquement votre direction, département ou équipe et apportez les ingrédients pour construire votre propre vision et lui faire prendre corps.

➤ **La vision née d'un rêve s'avère un puissant guide pour l'action et une ancre jetée dans le futur.**

Faites passer du rêve à la vision

La vision contient ce qui motive et est ressenti comme juste, car :

> elle est alignée avec la vocation ou la mission de l'organisation ;

> elle est déclinée naturellement dans les valeurs et les principes de management.

En tant que manager, nous vous recommandons de vous appuyer sur votre équipe de direction (ou sur une petite équipe composée de personnes à différents niveaux et fonctions) pour animer un processus de coconstruction de votre vision. Cette équipe sera chargée d'explorer sous différentes formes le futur souhaité pour l'organisation ou votre direction. Elle va construire avec vous une première itération de la vision qui sera ensuite enrichie par une succession d'interactions.

Pour arriver à une formulation de la vision avec laquelle 100 % de l'équipe est d'accord, chaque mot est pesé, le sens pour chacun est explicité et partagé. Ainsi peuvent être levés les nombreux désaccords liés au sens différents que chacun met derrière les mots. Ces interactions enrichissent la démarche et accélèrent la vitesse d'intégration des éléments de la vision. Ce mode de travail collaboratif est déterminant pour s'assurer que la vision proposée pourra déclencher l'enthousiasme chez l'ensemble des collaborateurs.

Comment faire ?

Pour coconstruire la vision, organisez des sessions de travail avec l'équipe que vous aurez constituée et répondez ensemble aux questions suivantes.

> Si nous osions rêver, que souhaiterions-nous accomplir ensemble ?

> Qu'est-ce qui sera fondamentalement différent lorsque la modification envisagée aura réussi ?

> Qu'est-ce qui ne sera plus jamais comme avant ?

> Quelle équipe voulons-nous être ? avec quel rôle ?

L'exploration est organisée en plusieurs étapes.

> Osez une ébauche de vision qui se satisfait d'une forme encore imparfaite.

> Combinez différents modes d'expression :
>   - métaphorique (par exemple « un bateau vers son cap », « une ascension en cordée ») ;
>   - graphique (par exemple une image qui vous inspire, un schéma simple et coloré ; évitez le format du type « données sur tableur » et projetez-vous au moment où votre vision est réalisée) ;
>   - onirique (par exemple « Devenir la compagnie préférée au niveau mondial » pour British Airways ou « faire de l'informatique un prolongement de l'homme » pour Steve Jobs ; plus modestement, en entretien de coaching, Patrick, un jeune manager, avait formulé le rêve suivant pour son équipe : « une cellule d'excellence dédiée à la réussite de projets complexes et d'envergure dans un climat de travail agréable »).

> Donnez-vous un temps pour imaginer qui pourrait être impacté par la vision, au-delà de votre direction ou département.

Nous avons parlé du rêve, maintenant passons à la phase où le rêve prend forme en tenant compte aussi d'un principe de réalité, des contraintes de votre environnement professionnel, des exigences administratives et financières.

Une fois que vous avez créé cette première ébauche de votre vision, vous allez recueillir la façon dont elle vient résonner chez ceux qui l'ont imaginée et, si vous le souhaitez, auprès d'un premier échantillon représentatif de votre organisation ou entité. Pour ce faire, lors d'une réunion, vous lirez et afficherez votre vision et poserez trois questions successives :

> Qu'est-ce qui est porteur d'inspiration pour moi et quel bénéfice j'y trouve ? Quels sont les nouvelles opportunités et les bénéfices à changer ?

> À quoi je résiste ? Qu'est-ce qui va être difficile ? Et de quoi ai-je besoin pour m'embarquer ?

> Qu'est-ce qui, dans cette vision, est aujourd'hui déjà présent, existant, que nous allons conserver et sur quoi nous allons capitaliser ?

Si votre équipe est nombreuse, nous vous recommandons de réaliser cet exercice en trois sous-groupes, chacun répondant à une des trois questions au préalable écrite sur une page de *paper-board*. Après dix minutes, chaque sous-groupe va vers une autre question, lit ce qui a été écrit et affine les réponses déjà notées, en ajoute d'autres. Rien n'est enlevé ou barré. Un troisième tour, selon le même procédé, permet à chaque sous-groupe d'avoir répondu aux trois questions.

Le contenu de chaque question est partagé à l'oral avec toute l'équipe. Il sert à réaliser une seconde ébauche de vision. La création d'une nouvelle formulation peut être confiée à certains membres de l'équipe qui prendront en compte ce qui est à garder car inspirant, et ce qui est à modifier en lien avec les besoins exprimés.

Communiquez et partagez la vision

Nous arrivons au moment où cette vision finement élaborée va être transmise autour de vous et partagée. Il va alors s'agir de se préparer à délivrer un message qui marque son public, celles et ceux qui doivent le recevoir positivement pour s'y rallier. Davantage encore : votre objectif est que ces collaborateurs se mobilisent autour de votre message, avant même de le comprendre entièrement. Aussi, le soin porté à sa création est aussi important que les modalités qui seront imaginées pour le communiquer.

Voici quelques critères cruciaux pour que la manière dont vous allez rendre publique cette vision suscite l'adhésion des personnes clés. Le secret ? une harmonie, une cohérence entre la vision élaborée et la communication qui la supporte.

> La vision est écrite avec des mots positifs et simples, compréhensibles par tous les acteurs concernés, internes ou externes. Elle vous inspire

en premier lieu et génère votre enthousiasme pour la transmettre avec votre cœur, vos tripes et non comme vous présenteriez un tableau de chiffres avec vos seuls neurones aux commandes.

> La vision inspire autant les employés que les clients, les actionnaires et toutes les parties prenantes que votre activité concerne. Vous pouvez organiser un calendrier de rencontres pour transmettre l'information, recueillir les avis de ces publics, tester vos idées et éventuellement, procéder aux ajustements encore nécessaires.

> Le manager ou l'équipe qui est à l'origine de ce projet sur le futur a formé une coalition de supporters de la vision et communique son enthousiasme pour ainsi déclencher l'engagement de chaque collaborateur. Nous verrons plus en détail comment faire, dans l'étape 2 ci-après.

> La vision est communiquée par des canaux précisément identifiés pour atteindre chacun dans sa singularité. Aucun canal existant n'est ignoré, tous ont un rôle à jouer. Les principaux à votre disposition seront sans doute les documents écrits, les vidéos, les journaux internes, les tables rondes, les réunions et des ateliers.
Par exemple une direction de la communication a choisi de rencontrer chaque collaborateur en face-à-face et de réaliser un support vidéo.

> Une direction internationale a choisi d'attendre la date de sa prochaine convention rassemblant l'ensemble des acteurs clés. Toute l'équipe de direction est montée sur scène pour présenter la vision d'une même voix. À l'issue de cette présentation, des modalités de réactions à la vision sont construites pour recueillir les *inputs* de ces cercles plus élargis qui auront à lui donner corps en mettant en œuvre des modifications profondes.

Plus les collaborateurs seront impactés, plus ils s'investiront dans la mise en œuvre des modifications indispensables à la réalisation de cette vision. Ils sauront alors quelles ressources mobiliser pour innover et s'adapter avec pertinence.

Nous vous recommandons de tester l'impact provoqué par la communication et de le faire auprès de groupes choisis parce que représentatifs de l'organisation. En effet, notre expérience nous a appris que les réactions sont toujours très imprévisibles. La sensibilité à certains mots ou formes peut déclencher des réactions de rejet ou des résistances qui sont dommageables pour la modification au cœur de notre réflexion ici. À titre d'exemple, au sein d'une direction marketing, l'échéance de la vision était 2020. De nombreuses réactions ont montré que 2019 serait plus ajustée. Autre exemple, cette fois dans une PME. La vision présentée comportait le mot « respect ». Bon nombre de collaborateurs ont demandé la transformation de ce mot en « solidarité et coopération ». Retenons encore le cas de Patrick. Ce jeune manager évoqué plus haut a modifié le texte de sa vision en parlant d'un « département d'excellence » et non d'une « cellule » pour correspondre au vocable utilisé dans son organisation.

Étape 2 – Impactez chacun dans sa réalité

L'objectif de cette étape est de mobiliser l'ensemble du collectif.

Une fois la vision communiquée, deux mouvements se dessinent pour piloter la dynamique de la modification et de ses résistances :

> identifier l'impact de la vision sur chacun ;

> accueillir toutes les réactions.

Cherchez comment chacun est interpellé dans sa réalité

Les équipes sont encouragées à partager les tensions que la vision leur fait vivre, de façon aussi exhaustive que possible. Il s'agit d'écouter comment chacun est touché par la vision. Vous allez donc devoir passer du temps auprès de vos équipes « rien que pour ça », mais ce « rien » fera toute la différence dans l'acceptation et la mise en œuvre de la vision élaborée. En effet, des actions commencées trop rapidement, sans donner de place à l'expression des tensions sous-jacentes, vont demander beaucoup plus d'effort pour être suivies et menées au bout. Elles génèrent plus de résistances et ne mobilisent pas les ressources de manière aussi performante.

Plusieurs champs de réalité coexistent dans le présent et chacun est à l'origine de sa réalité. Autrement dit, chacun a une perspective sur la nature des modifications à mener. Cette perspective est différente et singulière et se construit à partir des histoires et prismes personnels. Sans chercher à se mettre d'accord, il s'agit de laisser s'exprimer les réalités, de suspendre le jugement, d'écouter l'inconnu et de renoncer à une vérité unique.

Comment faire ?

En plénière, une fois que vous avez communiqué votre vision à vos collaborateurs, vous les invitez à prendre le temps de ressentir l'impact de cette vision sur eux.

Pour mieux entendre la différence des impacts que la vision peut avoir sur chacun, vous pouvez vous aider du diagramme suivant. Les impacts vont venir naturellement se poser, se relier à l'un des pôles de cette boussole : le développement, la structure, les valeurs, l'énergie et l'engagement.

Les impacts d'une modification annoncée*

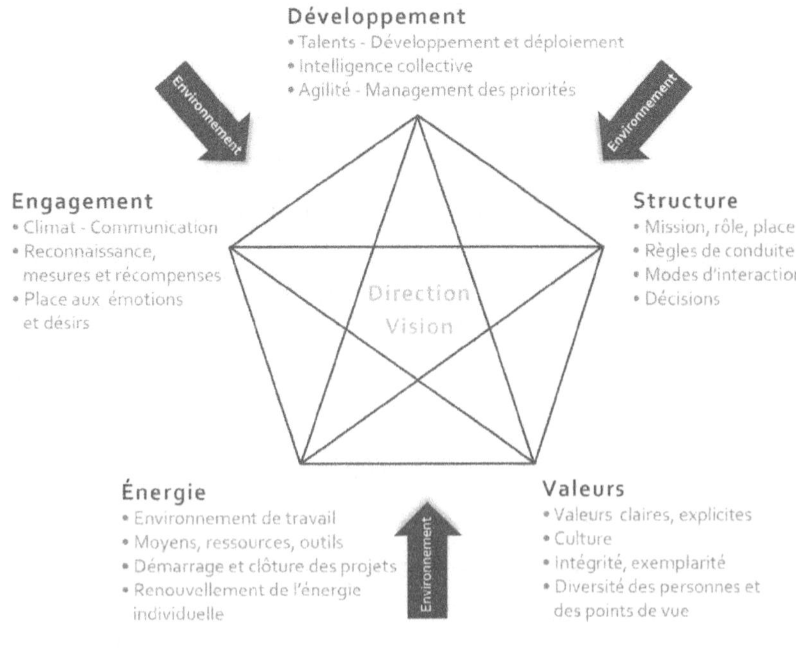

*D'après le Pentagramme de S. Ginger, 1981, 1987.

Figure 5.2

Le protocole décrit ci-dessous concerne des équipes élargies, il s'applique aussi à un groupe plus petit.

Protocole. Imaginez vos collaborateurs installés en petits groupes autour de tables avec un volontaire pour prendre le rôle de facilitateur par table. Vous pouvez en amont avoir dessiné ce pentagramme sur un *paperboard* et en dire juste quelques mots.

Le facilitateur invite chacun à réfléchir à partir de ces deux questions :

> « Quels impacts cette vision a-t-elle sur nous, sur notre réalité aujourd'hui ? »

> « Qu'est-ce que cela nous fait d'entendre cette vision de la part de notre manager ou de notre équipe de direction ? »

Avant de partager, chacun écrit un impact par Post-it. Ensuite, si vous utilisez le pentagramme ci-dessus, le facilitateur demande à chacun de venir à tour de rôle poser son Post-it sur le pôle concerné, selon lui, en le nommant. Il n'y a pas de consensus à avoir sur les impacts, ni à être d'accord ou pas d'accord. C'est une exploration individuelle.

Une fois le tour de table réalisé, le facilitateur engage un second tour de table, car entendre l'impact sur les autres peut permettre de prendre conscience de nouveaux impacts sur soi-même.

Le pentagramme est un outil qui apporte une source autant d'inspiration que de structuration. Vous pouvez réaliser le même échange sans l'utiliser formellement, gardez à l'esprit les cinq pôles, ils couvrent les différents types d'impacts.

Quelques exemples d'impacts :

> « Je sens une grande cohérence entre notre vision et nos valeurs [pôle valeurs]. »

> « J'ai peur que nous ne réussissions pas si l'on tient compte des postes qui vont être supprimés [pôle énergie]. »

> « Je suis très inspiré par le fonctionnement en intelligence collective [pôle développement]. »

> « Je ne suis pas sûr de comprendre où sera mon rôle et quelle place j'aurai pour atteindre cette vision [pôle structure]. »

> « Cette vision m'aide à me mobiliser dans le département, j'apprécie l'accent mis sur la qualité de nos relations [pôle engagement]. »

Ensuite le facilitateur fait une relecture de chaque impact et invite cette fois chacun à prendre le temps d'imaginer ce que ces impacts génèrent chez lui : « Après avoir réentendu vos propres impacts et ceux des autres, qu'est-ce que cela vous donne envie de faire, quelles envies d'action cela déclenche-t-il pour vous ? » Après un petit temps de réflexion individuelle, le facilitateur recueille et note au *paper* ou sur un ordinateur projeté sur écran toutes les envies d'action.

Quelques exemples d'envies d'action :

> « Cela me donne envie de mettre le client plus au cœur de notre activité. »

> « Nous devons réfléchir à un projet de réorganisation pour certaines équipes. »

> « Nous pourrions revoir la façon dont nous définissons nos objectifs individuels pour les rendre plus collectifs. »

> « J'aimerais que nous ayons un plan pour développer notre visibilité dans les filiales. »

C'est ce que nous appelons les réactions aux impacts. Ce sont bien des réactions, des désirs d'action, des possibilités et non des engagements.

Alors que la phase de partage d'impacts (plus intime) ne demande pas que chacun explique ou encore moins justifie la façon dont il est impacté, la phase de recueil des réactions aux impacts est plus élaborée. Le facilitateur veillera à ce que chaque envie d'action soit claire, concrète et nominative. Elles seront clés pour l'étape suivante.

Admettez le fait que l'impact de cette vision sur chacun soit imprévisible et singulier

En vous autorisant à ralentir et à prendre du temps pour questionner chacun, cette étape permet de renforcer le sentiment de sécurité, d'être entendu et considéré face à ce qui arrive de nouveau, et ultérieurement de donner un fond stable et solide au désir d'action. C'est un des paradoxes sur l'axe de la modification.

Méditez cette phrase de Viktor Emil Frankl, professeur autrichien de neurologie et de psychiatrie, à l'origine de la logothérapie, autrement dit, la recherche de ce qui fait sens pour nous dans la vie : « Entre le stimulus et la réponse, il y a un espace. Dans cet espace, se trouve le pouvoir de choisir notre réponse. Dans notre réponse réside notre épanouissement et notre liberté. »

Vous acceptez de vous laisser étonner par les récits de vos collaborateurs, les attitudes de vos interlocuteurs. De cette façon, vous intégrez les éléments culturels et discernez les enjeux relationnels et émotionnels à l'œuvre dans le système. Ce moment qui peut paraître difficile et instable est incontournable pour permettre la bascule dans la modification.

L'objectif est de mobiliser l'ensemble du collectif. Il est utile, alors, de bien vous rappeler le principe de l'homéostasie. Il vous aidera à accueillir les réactions de vos collaborateurs, à les comprendre et à composer avec jusqu'à réussir à rallier tout le monde autour de la modification qui doit s'engager.

Étape 3 – Impliquez chacune et chacun

Au cours de cette nouvelle étape, les matériaux récoltés et organisés permettent d'identifier les premiers axes stratégiques inhérents à la vision que vous aurez travaillée à l'étape précédente. Ils portent en eux un défi de performance. Malgré la complexité des réactions personnelles, un travail d'analyse et de synthèse va faire émerger des figures et des formes simples. Cela permet à chaque collaborateur et collaboratrice de se mettre en mouvement avec une optique de performance, car chacun :

> se sent personnellement engagé et motivé pour le faire ;

> se sent contributif de l'action ;

> accepte le partage de responsabilité et donc gagne en autonomie et en initiative.

Organisez les réactions en axes stratégiques

Les réactions individuelles aux questions ci-dessus sont regroupées par thématiques. Un premier niveau de structure apparaît alors, qui apporte les embryons des axes stratégiques.

Ce travail de regroupement des envies d'action peut se faire en direct avec l'équipe ou avec quelques-uns de ses membres seulement.

Après avoir communiqué sur cette ébauche d'axes stratégiques, nous préconisons de demander à chacun de se positionner en indiquant sur quel axe il a le désir de mener plus loin la réflexion. À ce stade, il peut y avoir deux rôles par axe : un leader ou binôme de leaders et des contributeurs. Ensemble, ils vont construire les intentions stratégiques en s'appuyant sur les différentes réactions regroupées au sein de l'axe identifié.

Ainsi plusieurs allers-retours peuvent être organisés, autant pour s'assurer de la pertinence des axes stratégiques que pour vérifier qu'ils ont du sens pour les « porteurs » de réactions liées à l'impact de la vision annoncée.

La grande originalité de cette manière d'agir est la suivante : contrairement aux approches classiques où il est demandé aux acteurs de s'inscrire dans la dynamique d'une stratégie déjà déterminée, ici les acteurs sont, dès le départ, associés aux axes stratégiques construits à partir de leurs réactions regroupées par thématiques.

Quelques exemples d'axes stratégiques :

> développer et valoriser les expertises métier dans les filiales à l'international ;

> construire et développer une offre globale au cœur des problématiques de nos clients grands comptes ;

> développer la performance de notre comité de direction.

Pour vous assurer que votre vision a bien été « entendue » dans sa totalité, vous pouvez, une fois que les axes stratégiques ont été mis en forme, poser au groupe de personnes qui ont été rassemblées dans un axe, les questions suivantes :

> Qu'est-ce qui a changé inévitablement ?

> Qu'est-ce qui n'a pas changé ?

> Qu'est-ce qui ne saurait être changé ?

> Qu'est-ce qui a déjà commencé à changer ?

> Où se situent les principales incertitudes ?

Il s'agit également d'organiser les renoncements les plus difficiles qui seront libérateurs d'énergie pour s'engager vers le nouveau. (Rappelons-nous la dynamique de rupture avec le changement de type 2, vue dans le chapitre précédent.)

Pensons, par exemple, à l'axe stratégique cité plus haut : développer une offre globale. Pour créer ce nouveau *business model*, les responsables grands comptes vont devoir renoncer à proposer des offres trop différenciées et s'ajuster à une politique tarifaire commune.

Sur l'axe stratégique, « valoriser les expertises métiers sur l'axe international », il faudra sans doute renoncer à une expertise 100 % nationale et mettre en place des centres techniques délocalisés.

Accompagnez chacun dans son engagement

Maintenant que le désir de modification est installé et ainsi le futur dessiné pour l'entreprise ou pour votre équipe, les axes stratégiques vont se décliner en un certain nombre de chantiers prioritaires pour réaliser cette modification. Ces chantiers définissent la façon dont chaque axe stratégique va être déployé et mis en œuvre. Si nous prenons un nouvel exemple d'axe stratégique « sécuriser les opérations », un premier chantier pourra consister à standardiser les processus en mode *lean* et un autre à piloter la qualité en 360 degrés avec un suivi financier des contrats de maintenance.

Tel un chef d'orchestre, pour mener à bien ce mouvement collectif en fonction du nouveau cap, vous allez accompagner l'engagement et la responsabilisation de chacun au travers de ces chantiers stratégiques. Ils deviennent alors des terrains d'expérimentation concrets des nouveaux comportements attendus de vos collaborateurs comme facteurs clés de la performance humaine et soutenable de l'équipe. Votre façon d'accompagner ces chantiers de modification va être différente du suivi de projet dans la continuation. Vous trouverez dans le chapitre suivant des éléments sur la posture d'accompagnement spécifique à ce type de chantier.

Le changement sera réalisé par la somme des énergies et des modifications individuelles, votre accompagnement se focalisera donc à la fois sur votre équipe et sur chacun de ses membres, de façon différenciée.

Un troisième plan est à prendre en compte pour accompagner la mise en œuvre de la modification, celui de l'organisation. Au-delà de votre équipe, vous veillerez à prendre soin d'associer et d'impliquer les autres parties prenantes du système, celles qui sont impactées et/ou celles qui sont susceptibles de soutenir la modification.

Les modalités de l'accompagnement peuvent prendre des formes multiples. Il vous appartient d'imaginer et de coconstruire le dispositif le plus ajusté à votre organisation, ses enjeux et sa capacité à se réinventer. Pour cela vous pouvez aussi faire appel à une aide extérieure.

En voici un panorama qui, s'il n'est pas exhaustif, est déjà très représentatif des possibilités qui s'offrent à l'ensemble de vos collaborateurs dans une phase de modification.

Le coaching ou l'accompagnement individuel

La prestation de coaching individuel s'adresse en premier lieu à toute personne désireuse de se faire accompagner dans son rôle singulier de leader de la vision à la modification. Ce rôle est à différencier de la gestion de la performance d'une activité au quotidien.

Le coaching individuel permet au manager de se centrer sur sa manière d'être et sur l'analyse de ses enjeux dans un contexte où l'inconnu lui demande de créer de nouveaux repères.

Par les techniques de questionnement du coach et ses outils, il accède à ses ressources, ses freins et ses qualités singulières. Il s'appuie sur ses capacités et sa connaissance de l'organisation pour dépasser ses difficultés, il enrichit et solidifie sa posture managériale pour optimiser la mise en œuvre des projets de modification.

Le coaching d'équipe

Ce processus d'accompagnement dans la durée soutient à la fois la performance de l'équipe et de son manager, au service du projet de modification. Individuellement et collectivement, chacun contribue à l'optimisation des modes de fonctionnement de l'équipe au regard de la vision et des axes stratégiques.

Le coaching d'équipe offre un espace de parole et de réflexion qui l'amène à sortir du quotidien et de l'opérationnel pour travailler en profondeur sur sa dynamique en lien avec les enjeux de modification. Les coachs facilitent l'examen et la construction de nouvelles normes au sein de l'équipe. Les situations de non-dits, les conflits latents ou ouverts sont clarifiés.

Ces temps de recul et de respiration permettent de mobiliser et d'aligner chacun sur les initiatives à mettre en œuvre, de mettre du sens dans les actions et de faire émerger de nouvelles idées.

La supervision d'équipe

Si la modification que vous mettez en œuvre touche l'ensemble de votre organisation ou un grand nombre de collaborateurs, une équipe interne dédiée au changement peut se révéler utile pour soutenir l'évolution du collectif (qu'elle soit 100 % dédiée ou en support). Cette équipe sera alors confrontée aux réalités du terrain, aux résistances qui sont autant d'informations à prendre en compte mais aussi aux succès et avancées dans le projet collectif. La supervision permet à « l'équipe de changement » de partager sur les réussites et les difficultés rencontrées et d'imaginer des stratégies collectives ou individuelles pour accompagner les initiatives.

Le codéveloppement

La mise en œuvre d'une modification profonde passe par une prise de conscience initiale de ce qui doit être changé. Ensuite, pour intégrer de nouvelles compétences et se transformer dans la réalité de leur activité, les managers ont besoin d'un espace pour pouvoir s'interroger sur leurs expériences, surmonter leurs situations bloquantes et capitaliser sur leurs réussites.

Le codéveloppement encourage la créativité du collectif et le partage du savoir au service des initiatives individuelles. Il aide les managers à prendre conscience de leurs freins ou leurs résistances à l'acquisition de comportements novateurs et leur permet de renouveler leur adhésion au processus dans lequel ils se sont engagés.

La formation des managers avec leur équipe

Dans un contexte de modification de l'organisation, si vous choisissez de mettre en place des formations, elles devront mettre l'accent sur le style de leadership, le management de la performance d'une équipe ou l'accompagnement du changement. Ces compétences sont au cœur d'une modification réussie et deviennent clés dans la gestion du métier au quotidien.

La formation des managers avec leur équipe soutient la recherche d'une performance collective renouvelée en travaillant sur les incontournables de la dynamique d'équipe.

Les nouvelles initiatives de l'organisation affectent les postures managériales, il est conseillé d'accompagner simultanément plusieurs équipes et leur directeur/manager en articulant deux réalités :

> satisfaire les besoins singuliers de chaque équipe ;
> satisfaire les besoins d'une modalité fédératrice et porteuse de sens pour l'organisation.

Ce mode de formation permet d'appréhender progressivement et de façon pragmatique les sujets et situations actuelles propres à chaque équipe de façon à générer des engagements. Il permet de transformer profondément l'expérience de la coopération à la fois au sein d'une équipe et entre les équipes.

Cette façon très novatrice d'aborder la formation demande que les managers acceptent de se mettre en situation d'apprentissage avec et en même temps que leurs collaborateurs. Chacun apprend à considérer les enjeux des autres (personnes, services ou directions) tout en partageant un objectif commun aux équipes et à l'organisation dans son ensemble.

Ces dispositifs visent tous à soutenir vos équipes et collaborateurs dans la mise en œuvre de votre vision.

Étape 4 – Intégrez l'imprévu et reconnaissez les résultats

Il s'agit de se souvenir que le temps de préparation de cette modification a probablement dû être court et la prise de risque grande dans des environnements de plus en plus changeants. Rappelons-nous que nous nous situons ici dans un monde où il faut inventer de nouveaux repères et de nouvelles balises pour naviguer dans l'inconnu. La réussite des décisions passe donc par une compréhension partagée qu'il est impératif de coconstruire la mise en œuvre de la modification.

Le risque, à ce stade, serait de relâcher la vigilance. Les contours du projet continuent de s'affiner au fur et à mesure de son avancement. Aussi, tout au long de la mise en œuvre des actions, les questions ou comportements contraignants sont à traiter, non pas comme une démonstration de résistance, mais bien comme des signes (signaux faibles) d'une information manquante au moment de la prise de décision. Ces éléments sont autant d'indicateurs qui permettent de s'ajuster pour que la mise en œuvre soit une réussite.

C'est aussi une étape cruciale et déterminante dans la réussite du projet. Dès lors que les équipes s'engagent, il est critique de canaliser les énergies et de s'assurer que les projets initiés contribuent bien aux axes stratégiques et à la vision. En tant que manager, votre rôle est de veiller à ce que vos équipes fassent toujours le lien entre les actions initiées et leur engagement face à la vision.

En dernier lieu, pour pouvoir passer sereinement d'une série d'actions ayant permis une modification notable à une nouvelle série d'actions, vous resterez attentif à ce que chacun ait le sentiment d'avoir bien « bouclé » chaque étape. Pour « boucler » une étape, une initiative de changement, voire la réalisation de votre vision, prenez le temps, avec votre équipe de regarder tout ce qui s'est déroulé : les moments phares, les événements impactants, les actions mises en œuvre… C'est l'occasion d'analyser les échecs, les idées abandonnées, les difficultés rencontrées, pour en tirer des enseignements. C'est aussi et surtout le moment de célébrer les succès et d'analyser ce qui a permis d'y arriver pour capitaliser. Nous vous invitons d'ailleurs à créer une atmosphère festive autour de cette rencontre en équipe.

Cette « assimilation » de l'expérience vécue est une phase fondamentale pour renforcer l'identité, la confiance en soi et l'engagement de chaque membre de l'équipe.

Elle permet de rebondir et de libérer l'énergie mobilisée jusque-là pour la rendre disponible aux futures actions. Ce sera de nouveau le cycle du rêve avant la vision et, de nouveau, le processus que nous avons décrit point par point reprendra son cours.

Alors que l'organisation a développé une capacité d'intégrer des modifications profondes vous continuerez dans cette dernière étape à gérer l'énergie et aussi à aller de l'avant. Des temps d'arrêts seront indispensables pour observer ce qui se vit et se joue à la fois en interne et à l'extérieur de l'organisation. Et ainsi de continuer à rêver.

Chapitre 6

ACCOMPAGNER LA MODIFICATION : LE MODÈLE INSPIRE

Les trois compétences cachées du leader

De la même façon que nous vous avons présenté l'approche AILES dans l'axe de la continuation pour vous sensibiliser à des compétences indispensables afin de prévenir ou de traiter l'épuisement de vos équipes, nous allons maintenant nous attarder sur les compétences sollicitées pour accompagner la modification. Il s'agit des talents inhérents au modèle INSPIRE, que nous avons abordé au chapitre précédent. Notre intention est que vous puissiez créer les conditions pour que les initiatives décidées réussissent et que votre vision se réalise.

Vous l'avez remarqué dans la figure 6.1, que nous reproduisons ici à dessein, il y a trois ruptures, trois espaces dans notre point d'interrogation.

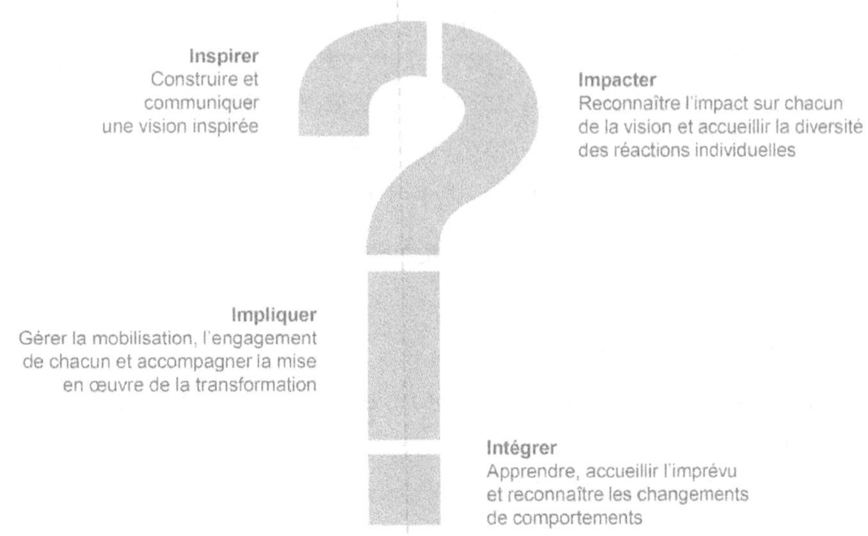

Figure 6.1

C'est là, dans ces interstices, que ces compétences viennent se glisser. Elles vous aident de la construction de votre vision à sa mise en œuvre, par chacun dans votre équipe ou plus largement votre organisation.

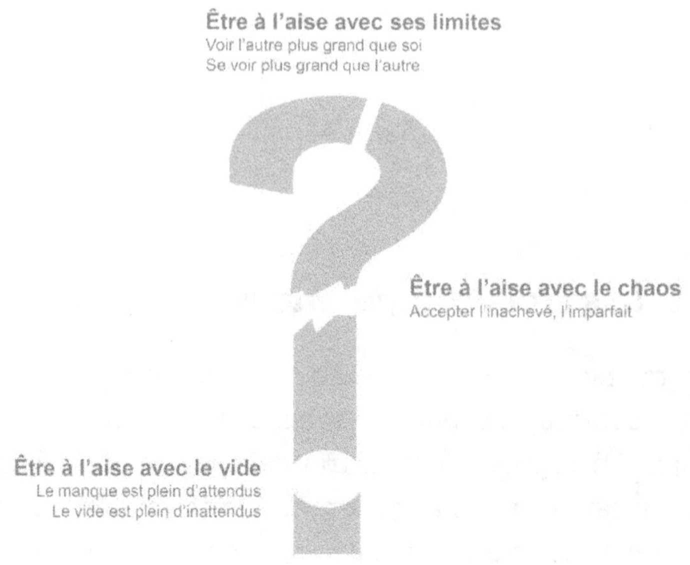

Figure 6.2

Nous qualifions ces compétences de « cachées », car elles ne recouvrent pas des connaissances et des savoir-faire reconnus de manière docte ou officielle par des certifications et des diplômes. Ce sont des savoir-être, des attitudes qui vont vous permettre une interaction fructueuse avec votre équipe dès que votre vision est définie, communiquée et engagée. Une fois adoptée, cette dynamique de coconstruction s'étendra graduellement à d'autres sphères que votre cercle immédiat de collaborateurs, notamment vos partenaires, les autres parties prenantes de l'entreprise, l'équipe dirigeante, etc., tant elle vous paraîtra efficiente et naturelle.

Passons maintenant ces trois compétences en revue.

Être à l'aise avec ses limites

En tant que dirigeant ou manager, pour entretenir la dynamique d'une performance humaine et soutenable au sein de votre équipe, votre juste place pourrait se formuler ainsi : vous voir plus grand que l'autre et voir l'autre plus grand que vous. Délicat...

Responsable de poser le futur, d'indiquer une vision partagée, vous devez avoir la capacité à vous voir au-dessus des autres. En effet, ces autres ont besoin de vous pour construire le rêve, pour se projeter à moyen terme. Et en même temps que vous donnez une direction, vous savez aussi que vous ne pouvez rien faire sans les autres. C'est là que réside toute la puissance des managers et non leur toute-puissance, qu'ils soient dirigeants ou managers de proximité. Nous touchons à l'essentiel : vous êtes manager, votre autorité de type « chef », comme nous l'avons vu au chapitre 4, s'appuie sur votre charisme, sur votre capacité à guider car vous voyez plus loin. Sans pour autant vous croire tout-puissant !

Cette compétence entre « inspiration » et « impact », si l'on se réfère au schéma de l'approche INSPIRE, vous permet d'admettre que vous êtes à l'origine d'un projet, que vous avez initié le rêve qui va évoluer en une vision applicable sur le terrain, mais que, pour autant, vous n'êtes pas le créateur unique à qui l'on doit tout *ex nihilo*. Soyez dans l'affirmation de vous sans forfanterie, avec réalisme et assertivité.

Être à l'aise avec ses limites, c'est se prémunir contre le risque de mégalomanie. Pour ce faire, il vous suffit de vous souvenir que vous ne pouvez rien sans les autres. Vous restez alors conscient que ce sont les autres qui vont construire le futur, qui vont traverser des modifications, qui vont se faire bousculer dans leur quotidien. Vous aussi d'ailleurs risquez d'être bousculé, vous serez confronté à ces autres qui sont trop lents, ne comprennent pas entièrement, ne sont pas à la hauteur... Il sera temps alors de se rappeler que le « leader » n'existe que parce que les suiveurs existent. Sans suiveur, pas de leader... juste une personne seule avec ses messages comme compagnons de voyage.

Être à l'aise avec ses limites, c'est aussi reconnaître les places spécifiques de chacun, les compétences différentes, la complémentarité des talents, les besoins singuliers.

Le travers du pouvoir est souvent l'isolement, qui, à terme génère un appauvrissement des idées, de l'innovation. Le manager qui possède ce savoir-être à l'aise avec ses limites sait se rapprocher des autres, sait « descendre » vers les autres sans les écraser ou les rabaisser, ni se rabaisser. Il ne s'agit pas de dominer, mais de comprendre la force de la relation, la puissance du lien ou dit autrement : comprendre combien être en relation rend fort, être en lien rend puissant.

Le lien qui, sans aliéner, libère

Nous savons que les liens de pauvre qualité rigidifient la relation, voire l'enchaînent : vous avez peut-être vécu l'expérience d'être « accroché » par une personne dans un séminaire ou un cocktail qui ne vous laisse plus partir de peur de se retrouver seule. Sa liberté de mouvement et la vôtre sont entravées parce que le lien est rare. La dynamique est identique dans une organisation.

Être à l'aise avec ses limites et prendre soin de la qualité du lien est une compétence clé dans le monde de la complexité. En la développant, vous agissez pour la confiance, l'interdépendance et la coopération, l'innovation et enfin le bonheur à être, à travailler ensemble.

Focus
Le lien qui libère

Arrêtons-nous un instant sur cette expression paradoxale qui nous est chère tant elle est inscrite dans notre ADN. C'est une sorte d'évidence contre-naturelle qui dépasse largement le contexte du management pour ouvrir les champs de la psychologie, de l'éducation, de la sociologie ou de la philosophie.

Voici quelques références à consulter :
— Véronique Sidoit, sur la relation thérapeutique, « Un lien qui libère », *Psychanalyse*, n° 28, 2013.
— Thierry Crouzet sur les réseaux et communication virtuelle dans *L'Alternative nomade* pour la *Revue économique et sociale*, *http :// tcrouzet.com/2010/05/08/la-liberte-le-lien/*.
— Jacques Ladsous, *L'Alphabet du social*, Érès, 2012.

Pistes pour développer votre capacité à être à l'aise avec vos limites

> Votre direction générale vous demande de monter en urgence un dossier pour leur prochaine réunion, dans huit jours. Alors que vous auriez tendance à y travailler seul le soir chez vous, faites part de cette demande à votre équipe et demandez-lui son aide : comment s'organiser et se répartir les actions ? Qui pourraient s'engager à faire quoi ?

> Votre collaborateur avait raison et vous n'aviez pas pris le temps de l'écouter vraiment en pensant que son idée n'apportait pas de réelle valeur. Heureusement, il a quand même pris l'initiative de la mettre en place et le résultat est positif. Allez le voir pour le remercier et lui dire que vous n'aviez pas mesuré l'impact qu'elle aurait.

Être à l'aise avec le chaos

Dans un contexte de modification, le manager œuvre avec l'inconnu. Il s'agit d'entrer dans la complexité et de ne pas chercher à la réduire pour comprendre. Être à l'aise avec le chaos, accepter l'inachevé, c'est être à l'aise avec l'imparfait. C'est se laisser prendre, emporter par la complexité, le vertige de l'incontrôlable et accepter de ne pas avoir de réponse ou de pouvoir tout contrôler. Le challenge va être d'écouter les réalités de tous les autres, de se laisser perdre dans leurs ambiguïtés, leurs contradictions, leur immense diversité.

La phase de chaos se caractérise par l'expression de la diversité. Il est tentant de l'éviter tant elle est troublante, en recherchant le consensus, en imposant une idée, en faisant preuve de contrôle pour rassembler. Or la diversité est source de créativité. Comme nous le verrons dans la troisième partie, sans passage par une phase de chaos, il ne peut y avoir d'innovation.

Si l'on dépasse le langage et les références purement issus du management, pour aller vers des considérations plus philosophiques, cette compétence vous demande une conviction forte.

Du chaos émerge toujours une forme simple

De la même façon que dans la Voie lactée certains ont pu voir des constellations stables, la confiance que vous aurez dans l'existence de repères qui serviront de balises vous aidera à naviguer dans ce chaos pour en extraire toutes ses pépites.

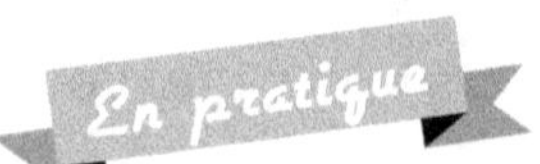

Si l'on accepte de se perdre, de vivre l'imparfait, le complexe, le non-fini, il y a, au-delà du chaos, des repères, des balises visibles. À condition de lâcher prise, d'accepter de ne pas savoir, de se laisser aspirer (inspirer). Il s'agit à la fois de regarder loin devant, de regarder hors du cadre et, en même temps, de plonger dans la profondeur de la réalité et de la complexité du présent.

Pour être en capacité de lâcher prise, appuyez-vous sur un support solide, par exemple votre expérience, votre connaissance des cycles de projet, la confiance de vos équipes.

Évoquons ce directeur général, décidant de partir faire le tour du monde en voilier pendant sept mois avec sa famille après avoir lancé une vaste réorganisation et de découvrir à son retour comment les salariés de l'entreprise ont pris à bras-le-corps les différents chantiers, y compris les plus difficiles tels que la rémunération.

Cette deuxième compétence, fort utile quand vous êtes dans la logique de la modification, demande de chercher des repères plutôt que de chercher à comprendre. C'est bel et bien une compétence que de voir des formes émerger d'un chaos.

Au cœur d'une enquête policière, alors que les pistes pour trouver le suspect vont dans tous les sens, certains inspecteurs sont enclins à se rattacher aux premiers indices pour éviter d'aller sonder l'insondable. D'autres continuent d'interroger des témoins, peuvent croire en la sincérité même des plus obscurs et croisent les observations pour trouver un tronc commun plausible.

En tant que manager, naviguer dans le chaos, c'est d'abord oser entendre toutes les voix, observer tous les comportements... Quand vous les juxtaposez, si vous cherchez à comprendre la masse globale d'informations recueillies, vous serez vite dans l'impasse. En revanche, trouver des repères vous aidera à garder votre cap et la confiance dans la sortie du chaos, enrichi des nouveaux angles de vue qu'il apporte. Pour ce faire, cherchez dans la diversité des points de vue, des émotions ou des idées, les éléments récurrents (qui peuvent se cacher derrière des formes différentes), les thématiques, les grands axes qui se dégagent.

Comme vous le feriez après une étape de *brainstorming* en équipe, en regroupant toutes les idées qui vont ensemble pour ensuite les formaliser en objectifs à atteindre.

Vous pouvez vous appuyer sur votre équipe pour faire émerger ces tendances qui seront autant de balises pour avancer vers le cap que vous vous êtes défini.

Pistes pour développer votre capacité à être à l'aise avec le chaos

> Lors d'une réunion de projet dont vous êtes le leader, au lieu de faire vous-même un état des lieux sur le retard qui a été pris (ou un obstacle rencontré) et d'annoncer les mesures à prendre, donnez un temps à chacun pour qu'il puisse nommer ses doutes, ses difficultés dans son rôle, ou encore ses interrogations. Si vous hésitez à le faire par oral et en direct, le passage par l'écrit peut être plus facile : vous demandez à chacun d'inscrire sur un Post-it une source d'inconfort ou de stress, une crainte générée par ce projet. Chacun peut utiliser autant de Post-it qu'il le souhaite.

- Après ce temps de réflexion individuelle, les Post-it sont soit lus par chacun soit disposés sur un *paper-board* et lus par un volontaire.
- Ensuite, vous demandez à l'équipe de regrouper les Post-it par « famille » ou thématique en leur donnant un mot-clé. Puis, vous distribuez les thématiques à des petits sous-groupes à qui vous demandez de formuler l'objectif sous-tendu derrière chaque thématique.
- Les propositions d'action et leur mise en œuvre seront, là aussi à réaliser par l'équipe.

> Lors d'une situation où vous percevez que vous êtes en désaccord profond avec un de vos interlocuteurs, vous choisirez d'abord consciemment de vous mettre d'accord sur votre désaccord, sans chercher à aller plus loin. Et vous observerez l'impact que cela a, sur vous et sur l'autre.

Être à l'aise avec le vide

Le manque est plein d'attendus, le vide est plein d'inattendus

Telle pourrait être votre devise, à ce stade. C'est cela, être à l'aise avec le vide.

Le mode de management actuel repose le plus souvent sur l'approche du « manque ». Manque de ressources humaines, financières, d'information, de recul, de visibilité, bref, le manque. La concurrence, la recherche de productivité, la culture de l'excellence ont amené les organisations à créer de nombreux modes de fonctionnement et processus pour atteindre une cible définie. Les indicateurs sont là pour analyser les écarts et les plans de correction, le cas échéant, pour nous ramener à ladite cible. Ce qui nous conduit dans le meilleur des cas à la note de 20/20, c'est-à-dire à arriver là où nous avions prévu.

Cependant, il y a une autre réalité qui est celle d'arriver au-delà de ce qui était imaginable, par exemple à la note de 22/20 ! Cela repose sur vos capacités à vous trouver face au vide, face à du temps libre, face à un sentiment d'inutilité. Il s'agit alors de ne pas chercher à remplir ce temps, mais d'être attentif à ce qui peut vous apparaître quand vous êtes dans les transports, par exemple, ou quand vous n'avez plus d'e-mails urgentissimes à traiter, ou que vous n'avez plus de batterie pour continuer de travailler frénétiquement sur notre ordinateur. Ou, pourquoi pas, quand vous êtes sous la douche et qu'émerge une idée !... S'octroyer ces temps-là suppose souvent de mettre en place des délégations, pour écouter ce qui ne pouvait être entendu dans le vacarme.

À titre d'exemple, un manager a été contraint de prendre les transports en commun pour se rendre à son bureau trois jours de suite. Après cette déconvenue, il a découvert que, non seulement ce mode de transport était moins stressant pour lui, mais qu'en plus, cela lui donnait le temps de penser, d'avoir des idées pour ses projets ou présentations, voire de s'évader dans la lecture. Depuis, il laisse volontiers sa voiture dans son parking...

Accueillir l'imprévu, l'étranger, le dérangeant ! C'est une compétence, et non des moindres, car elle suppose de lutter contre ce qui pourrait vous inquiéter dans notre monde de suractivité, à savoir toujours être dans le faire quitte à négliger l'être. Cette compétence suggère que vous acceptiez de ne pas remplir pour remplir un moment plus calme. Elle suppose que vous réussissiez à lutter contre le réflexe qui consiste à mettre en place tout de suite une activité nouvelle quand le vide (tout relatif dans nos emplois du temps) se profile à l'horizon. C'est à ce prix que vous ferez le plein d'inattendus qui seront fertiles pour l'avenir.

L'origine latine du terme « éducateur » (*ex* : « hors de » et *ducere* : « conduire ») illustre bien cela. L'éducateur a l'art de mener vers du nouveau en faisant sortir des chemins connus. Être à l'aise avec le vide, c'est se laisser guider par la générosité de l'Univers, observer et s'enrichir de tout ce qu'il a à nous offrir en élargissant notre regard.

> Hassan est directeur commercial. Il avait finement élaboré une stratégie pour la négociation d'un nouveau contrat avec l'un de ses plus gros clients. Une fois en face de ses interlocuteurs, il savait qu'il maîtrisait ce qu'il avait préparé et a pu lâcher sa stratégie pour s'intéresser à son client, l'écouter au-delà de ce qu'il savait déjà de lui. L'échange a pris une teneur imprévue et Hassan a compris un enjeu qu'il n'avait jusque-là pas décelé chez son client. En questionnant l'imprévu (le contexte de son client) et en renonçant au manque (sa stratégie de négociation) il a finalement transformé le contrat initial en partenariat sur trois ans avec un chiffre d'affaires multiplié par deux.

Si l'on prend l'image d'une roue qui tourne, toutes les parties sont en mouvement sauf l'axe dont la vitesse est nulle. Être à l'aise avec le vide, c'est être cet axe et profiter de cette immobilité pour regarder différemment, imaginer un autre « après ».

En conclusion, au-delà de vos compétences acquises, manager la performance humaine et soutenable, c'est montrer votre capacité à naviguer simplement dans la complexité des multiples réalités. Cette manière d'agir suppose que :

> vous reconnaissiez avoir besoin d'aide comme d'autres ont besoin de vous. La vulnérabilité peut être une opportunité quand elle est habilement admise, comprise et partagée ;

> vous acceptiez de vous ouvrir à la complexité, donc à d'autres réalités que celles qui sautent aux yeux en première analyse. Suspendez votre jugement pour accepter l'impensable et renoncez à la vérité pour ouvrir votre regard avant de trouver d'autres repères sur lesquels vous appuyer et engager vos troupes ;

> vous vous appuyiez sur les fondements présents, sur ce que vous avez organisé, pour lâcher prise et déléguer. Vous pourrez ainsi vous faire surprendre par la créativité, les initiatives de ceux auprès desquels vous avez délégué... car vos collaborateurs vont aller plus loin que vous, pour oser travailler les ruptures, les « virus » et les croyances limitantes.

Pistes pour développer votre capacité à être à l'aise avec le vide

> Vous allez animer une réunion importante. Décidez d'arriver un quart d'heure à l'avance dans la salle prévue et prenez le temps de vous installer, de vous remettre en tête votre intention pour cette réunion et... de la laisser flotter dans la pièce, sans rien faire.

> Lors de votre prochaine réunion d'équipe, prévoyez un temps d'une demi-heure vide, c'est-à-dire sans aucun point à l'ordre du jour. Cet espace-temps sera dédié à ce que chacun souhaite partager avec l'équipe, ce qui lui semble important à dire, à demander. Vous pourrez, au fur et à mesure, redonner cet espace de vide à votre équipe, le ritualiser, l'augmenter. Vous expérimenterez que le contenu de ce qui émerge, dans un temps cadré, est différent que lorsqu'un sujet est prévu.

C'EST À VOUS

1. Évaluer vos compétences

À l'aide du schéma ci-contre, évaluez, de 1 à 5, chaque compétence et observez votre degré d'équilibre entre les trois.

2. Types d'actions que vous pourriez entreprendre pour être plus performant

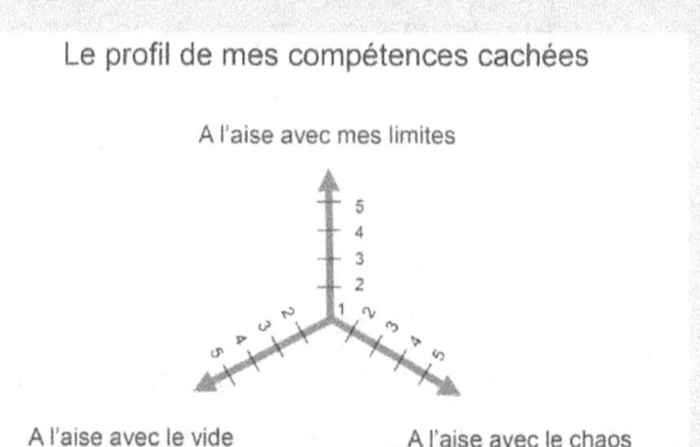

En fonction du score que vous vous êtes attribué pour chaque compétence, nous vous invitons à développer en premier lieu celle qui favorisera l'équilibre entre les trois.

Être à l'aise avec ses limites

Cochez la phrase qui a du sens pour vous :

❏ Me voir plus compétent que mon collaborateur et à l'origine du projet.

❏ Voir mon équipe plus compétente et à l'origine de ce projet.

❏ Assumer toute ma puissance, ils ont besoin de moi.

❏ J'ai besoin d'eux, sortir de ma toute-puissance.

❏ Aller vers mes collaborateurs, créer du lien, me rendre accessible.

❏ Arrêter de contrôler par du micromanagement.

Mes actions : ....

Être à l'aise avec le chaos

Cochez la phrase si cela a du sens pour vous :

❏ M'ouvrir à toutes les réalités individuelles de mes collaborateurs.

❏ Arrêter de poser des questions pour comprendre à tout prix.

❏ Chercher de nouveaux repères, ce qui est commun, stable.

❏ Oser ralentir le souhait d'un consensus rapide.

❏ Plonger dans l'imparfait et l'inachevé avec plaisir.

❏ M'ouvrir au hors-cadre, introduire du neuf dans l'habituel et stimuler l'innovation.

Mes actions : ....

Être à l'aise avec le vide

Cochez la phrase si cela a du sens pour vous :

❏ Placer un moment de vide dans ma journée pour accueillir l'inattendu.

❑ Prendre conscience des moments où je remplis par peur du vide.

❑ Inscrire dans l'agenda de ma prochaine réunion d'équipe un temps de rien.

❑ Faire de mon sentiment d'inutilité une opportunité pour découvrir autre chose.

❑ Aller visiter un musée et me laisser inspirer.

❑ Mettre en place une plus grande délégation pour me consacrer à l'essentiel.

Mes actions : . . . .

La posture pour soutenir la mobilisation dans la durée

À côté de votre savoir opérationnel, accompagner et soutenir la mobilisation de chacun va vous demander d'adopter une posture, un style de management particulier.

Développer cette posture dans l'axe de la modification, c'est œuvrer au résultat tout en s'intéressant aux critères relationnels, aux attitudes humaines : veiller à l'avancée des modifications et considérer dans le même temps la façon dont le travail est fait.

Cinq intentions peuvent guider votre posture. Nous les détaillons ci-dessous.

Maintenir le niveau d'engagement et d'énergie tout au long de l'action

Il est important que vous montriez autant d'intérêt à ce qui est vécu par votre équipe qu'à ses résultats. Par le biais d'entretiens individuels ou de réunions, recueillez leurs retours sur leur expérience, sur les processus relationnels transversaux d'une part, et sur l'avancement du projet d'autre part. Ces moments de partage permettent de porter l'attention de tous autant sur les réussites que sur les dysfonctionnements et les croyances limitantes qui en sont à l'origine. C'est aussi un moyen d'être à l'écoute des moments de surchauffe d'activités, des moments où il faut ralentir ou rediriger l'énergie au bon endroit et avec une charge de travail régulée, un rythme ajusté en tenant compte des signaux de stress.

Une entreprise de services, par exemple, s'est trouvée contrainte de transformer son approche commerciale. À plusieurs reprises, Yan, le dirigeant, réunit les équipes marketing et DSI aux cultures projet radicalement différentes, pour développer une réponse agile face à la concurrence. Ces réunions permettent aux protagonistes de mettre leur énergie à rechercher de nouvelles offres plutôt qu'à se disputer la palme de l'innovation en interne.

Amener les équipes à revenir régulièrement sur ce qui s'est passé

La modification commence au début du chemin et pas seulement une fois que les résultats sont atteints. Organiser des points d'étape permet d'en prendre conscience et de démultiplier les apprentissages collatéraux. Encouragez vos collaborateurs et les autres personnes concernées à capitaliser individuellement et collectivement sur les effets des différentes actions de chacun. Vous favorisez ainsi l'identification de quelques actions symboliques fortes, des *quick-wins* qui ancrent la réussite des nouveaux comportements. Cela permettra aussi de voir rapidement ce qui ne fonctionne pas et nécessite parfois de sortir du process ou de la procédure pour en créer une nouvelle qui réponde aux exigences de la modification.

Par exemple, dans le cadre d'une industrialisation *lean* des réponses commerciales, Paul, architecte système, développe de sa propre initiative un tableur qui simplifie les temps de rédaction pour le secteur de la grande distribution. Il en parle durant une réunion de service à propos d'un client et cela donne l'idée à sa collègue dans le secteur énergie de traiter les contrats qui arrivent à échéance avec le même procédé, alors qu'auparavant le renouvellement s'opérait sans optimisation des coûts.

 ## LA QUESTION QUE VOUS VOUS POSEZ

« À vous lire, j'ai bien l'impression que vous décrivez une sorte d'idéal où la collaboration se passe sans problème d'ego ? »

Vous avez raison, il y a des problèmes d'ego : se sentir inutile, moins pertinent, plus subtil, plus expert… La liste des évaluations est longue et nos peurs de ne pas exister, de ne pas être reconnu, de ne pas être aimé font partie de notre humanité. Elles peuvent nous empêcher de collaborer, c'est certain. Dans ce cas, il n'y a pas de modification et nous restons dans la continuation.

Les peurs peuvent aussi se traverser, les expériences se tenter, les feedback se parler. C'est tout l'enjeu de la croissance personnelle. Et heureusement que l'ego est là ! Car il permet aussi de donner le meilleur de soi.

S'assurer que toute la diversité de l'équipe est utilisée

Pour y parvenir, veillez au fur et à mesure des expériences à construire une variété d'espaces pour que vos collaborateurs puissent partager leur savoir, leur avis, leurs expériences, leurs idées. Valoriser les apports et la façon dont chacun contribue à l'avancée collective augmente la confiance en soi et donc le potentiel de contribuer à des projets plus complexes et novateurs.

Certains aiment initier un projet, poser les premières bases, réfléchir à plusieurs et à voix haute, d'autres préfèrent prendre une partie d'un projet, de A à Z, et commencer seuls pour avoir une vision des tenants et des aboutissants. D'autres, enfin, aiment contribuer quand il y a déjà de la matière pour assurer la cohérence. Le projet est ainsi découpé en sous-projets et chacun contribue selon ses forces et préférences de travail. De cette façon, tout le monde n'est pas mobilisé sur le même sujet au même moment et les sujets avancent en quinconce, avec des rendez-vous réguliers entre deux ou plusieurs parties. Les collaborateurs se trouvent dans une démarche collaborative à l'opposé d'une démarche en silo et peuvent traiter plusieurs parties en parallèle dans un temps restreint. Chacun est coresponsable dans sa contribution sans suren-chérir dans l'atteinte de la perfection finale, seul dans son coin. L'emphase est sur le « co » !

Cette dynamique est particulièrement vertueuse dans la construction d'une réponse commerciale par exemple, d'une offre de formation pour une catégorie de managers, de la production d'écrits... Exercez-vous sur des sujets limités de façon à monter en expérience rapidement tout en prenant soin du manque d'habitude : une notice à écrire plutôt qu'un manuel.

Encourager les équipes à devenir force de proposition

Incitez les équipes à proposer des choix, partager leurs doutes ou leurs besoins, plutôt que de soulever des questions.

Cette intention soulève la question de l'autonomisation de l'équipe, l'*em-powerment*. Dans l'histoire du management il fut un temps où il était de

121

bon ton d'afficher « Je ne veux pas de problèmes, je veux des solutions. » ou la variante : « Vous avez un problème ? Revenez me voir lorsque vous aurez une solution ! » Outre le fait que cette interpellation est souvent mal vécue par les collaborateurs, elle est également inopérante dans l'axe de la modification où l'objectif est de sortir du diktat « Il n'y a qu'une solution, à vous de la trouver ». Ce type de réponse amène les collaborateurs à ne plus partager sur leurs difficultés, à réduire les prises d'initiative. Le signal faible se transforme à terme en dysfonctionnement. Les collaborateurs se retrouvent alors en situation d'isolement et tournent en boucle face à un problème. La confiance est entamée avec le risque que certains veuillent se sortir seuls d'une situation en flirtant avec le cadre et commettent ainsi des erreurs graves.

En tant que manager, encourager la force de proposition, c'est accueillir l'obstacle sur lequel votre collaborateur bute en l'invitant à penser à plusieurs façons de s'en sortir, à partager l'état de ses réflexions et à entendre les propositions qui arrivent par rebond, notamment avec ses pairs. Ces travaux de réflexion à deux ou trois personnes contribuent à construire la confiance et l'interdépendance. Ils donnent l'opportunité à vos équipes de définir leur propre méthode de déploiement pour leur donner le temps de bien ressentir les enjeux de la situation actuelle. Cela est essentiel car nous savons que l'autonomie des équipes et la latitude décisionnelle, le sentiment de solidarité sont autant de protections contre les situations anxiogènes.

Votre rôle consiste alors à faciliter la demande d'aide et de coopération pour la composition d'une présentation par exemple, pour une réflexion commerciale, une réponse à l'e-mail d'un client qui demande une information décalée. Mobiliser deux personnes pendant quinze minutes ou une heure se révèle alors plus performant que mobiliser une personne pendant trois heures qui fait, défait et lutte pour produire seule.

Inciter à faire connaître et reconnaître

Proposez des espaces de rencontre où les équipes diffusent leur avancée au reste de l'entreprise, pairs et collaborateurs. Au-delà de l'information, c'est aussi l'occasion pour chacun de témoigner de la façon dont il s'implique dans les initiatives et la spécificité de sa contribution.

Ces rencontres incitent à voir plus large… plus grand. Elles renforcent la confiance en soi et dans l'équipe autant que dans les résultats. Elles stimulent l'intérêt général et rappellent le sens, la direction. Ainsi, l'expérience de ce groupe financier qui, pour communiquer sur le rapprochement avec un concurrent, s'est inspiré de la dynamique d'une place de marché. Tout comme les commerçants présentent leur étal les uns à côté des autres aux yeux des passants, les différents services et fonctions ont dressé des petits stands pour se faire connaître à leurs nouveaux confrères. Dans un temps relativement court (moins d'une demi-journée) chaque passant peut s'informer sur les actualités des autres services.

Pas besoin d'un rachat ou d'une fusion pour organiser un tel événement. La convention commerciale d'une zone géographique est une très belle opportunité également de réunir les différents collaborateurs, y compris ceux de l'usine et du *back office* pour mieux connaître ce que l'entreprise produit.

Ces rencontres, ces partages sur son métier, ses spécificités, sa contribution sont autant d'opportunités pour reconnaître une personne, une équipe, un collectif. Ce sont de belles occasions pour que vos collaborateurs se sentent utiles, précieux dans cette organisation et qu'ils repartent avec le sentiment d'avoir été vus dans leur manière unique, astucieuse et créative de faire leur travail.

Retrouver la performance d'un collectif passe par le retour à la confiance. Nous traitions déjà du sujet dans la première partie de notre ouvrage à propos de l'équilibre entre la QVT (qualité de vie au travail) et la performance. Nous y revenons ici, car notre protocole de « chantiers parallèles » permet de travailler avec chacun des acteurs tout en expérimentant immédiatement les apprentissages dans le système. Il s'agit également de développer de la souplesse pour passer d'un enjeu à l'autre, d'un chantier à un autre, d'un collaborateur à un autre... Cela se traduit par la conviction de chacun que sa réussite passe par celle de l'autre.

C'EST À VOUS

Où en suis-je avec les cinq intentions sur un projet important ?

Pensez à un projet sur lequel vous travaillez avec votre équipe en ce moment, et évaluez les actions que nous vous proposons en exemple pour chaque intention.

A. Maintenir le niveau d'engagement et d'énergie tout au long de l'action.

J'ai provoqué des entretiens individuels ou des réunions pour aborder l'état d'avancement, les réussites, les dysfonctionnements, les croyances limitantes.

❏ Fait   ❏ Commencé   ❏ À faire

Précisez : . . . .

B. Amener les équipes à revenir régulièrement sur ce qui s'est passé.

Je favorise le partage des apprentissages, j'encourage l'équipe à nommer ce qui est difficile, voire impossible, et ce qui pourrait aller encore plus loin, au-delà de ce que nous avions imaginé.

❏ Fait   ❏ Commencé   ❏ À faire

Précisez : . . . .

C. S'assurer que toute la diversité de l'équipe est utilisée.

Je valorise au sein de mon équipe le partage d'idées, de comportements, de manières d'opérer, d'expériences différentes, voire opposées (y compris aux miennes...).

❏ Fait   ❏ Commencé   ❏ À faire

Précisez : . . . .

D. Encourager les équipes à devenir force de proposition.

Je recommande la mise en place de réunions courtes en petits groupes de deux à trois personnes (ne travaillant pas forcément dans la même équipe) pour trouver ensemble des hypothèses, des solutions, de nouvelles façons de voir, de penser ou d'agir sur une question, une difficulté. À plusieurs, l'ouverture, le déblocage, d'une situation est favorisée. Un pour tous, tous pour un.

❏ Fait   ❏ Commencé   ❏ À faire

Précisez : . . . .

E. Inciter à faire connaître et reconnaître

J'organise un séminaire ou une réunion et j'invite les responsables de projet à partager ce dont ils sont le plus fiers et comment ils ont collectivement dépassé des blocages, ouvert de nouveaux chemins et ensemble contribué au résultat de tous.

❏ Fait   ❏ Commencé   ❏ À faire

Précisez : . . . .

Partie 3

La performance humaine et soutenable dans le monde de la transformation

Notre progression dans la maîtrise d'une performance humaine et soutenable se poursuit. Une image illustrerait avec humour ce que nous allons aborder à présent : un homme faisant le grand écart, un pied sur une chaise, un pied sur une autre chaise, tout en restant zen ! Vous conviendrez que l'exercice exige une souplesse et un entraînement hors du commun... Et pourtant beaucoup de managers tentent, en leur for intérieur, d'arriver à cette posture idéale de grand écart dans la gestion de leurs objectifs, pour d'un côté assurer le *business* avec l'existant et de l'autre apporter l'innovation *via* la rupture.

Nous vous proposons un autre type d'exercice que le grand écart pour engager la transformation.

Ainsi, nous avons :

> le manager, vous, qui avance et fait avancer ses équipes (l'axe de la continuation) ;

> le manager (toujours vous) qui questionne et inspire ses équipes pour construire la mise en œuvre d'une rupture (l'axe de la modification).

Et, enfin, une troisième notion :

> le manager (encore vous) qui doit tenir ces deux axes de la performance, arbitrer pour permettre un ajustement optimal (l'espace de la transformation).

Tout comme deux jambes permettent une démarche fluide, deux yeux donnent une vision élargie, deux oreilles donnent une ouïe fine, les deux axes de la continuation et de la modification permettent la transformation.

La performance humaine et soutenable dans une transformation tient dans la capacité à faire vivre les deux axes simultanément et sans les confondre.

Pensez à vos jambes, les deux vous permettent de marcher, mais la droite comme la gauche ne se mêlent pas. Sinon vous tombez. Dit autrement, si vous mélangez les actions de la continuation que nous avons vues dans la partie 1, avec les actions de la modification que nous avons vues dans la partie 2, vous n'arriverez pas au résultat souhaité.

Toute la finesse de la performance humaine et soutenable se situe dans la capacité à accepter qu'il n'y a pas de transition entre la continuation et la modification, mais que les deux coexistent en permanence.

Comment faire pour y arriver ? Dans cette troisième partie, nous allons d'abord reprendre notre triptyque sur la dynamique du changement, la prise de décision et l'autorité, pour voir ce qui se passe dans cet espace de la transformation. Puis, nous nous intéresserons à la dynamique de l'accueil, pierre angulaire de la diversité des équipes. Et, enfin, nous consacrerons un chapitre à la « boussole du Nous », une manière originale de vous présenter les compétences nécessaires au manager à la tête d'équipes plurielles, composées de profils complémentaires mais, parfois aussi, opposés. Ces compétences vous permettront de répondre à la complexité des enjeux auxquels vos équipes sont confrontées. À cet égard, d'ailleurs, précisons d'ores et déjà que nous n'entendons pas le mot « diversité » comme il est entré dans les mœurs depuis la fin des années 1990, à savoir l'engagement des organisations en faveur de la non-discrimination et l'égalité de traitement des personnes sans prise en compte de leur genre, de leurs caractéristiques sociodémographiques, de leur appartenance religieuse ou de leur orientation sexuelle. Notre expérience au sein des groupes et entreprises que nous accompagnons nous amène à envisager la diversité un cran plus loin. Nous y reviendrons au chapitre 9.

Chapitre 7

LES INCONTOURNABLES À L'AUNE DE LA TRANSFORMATION

Nous avons abordé votre travail dans le monde du connu (partie 1, l'axe de la continuation) et votre travail dans le monde de l'inconnu (partie 2, l'axe de la modification). Maintenant, nous abordons votre travail dans le monde de l'incertain (partie 3, l'espace de la transformation). Notez bien déjà que l'on ne parle plus d'un axe, mais d'un espace.

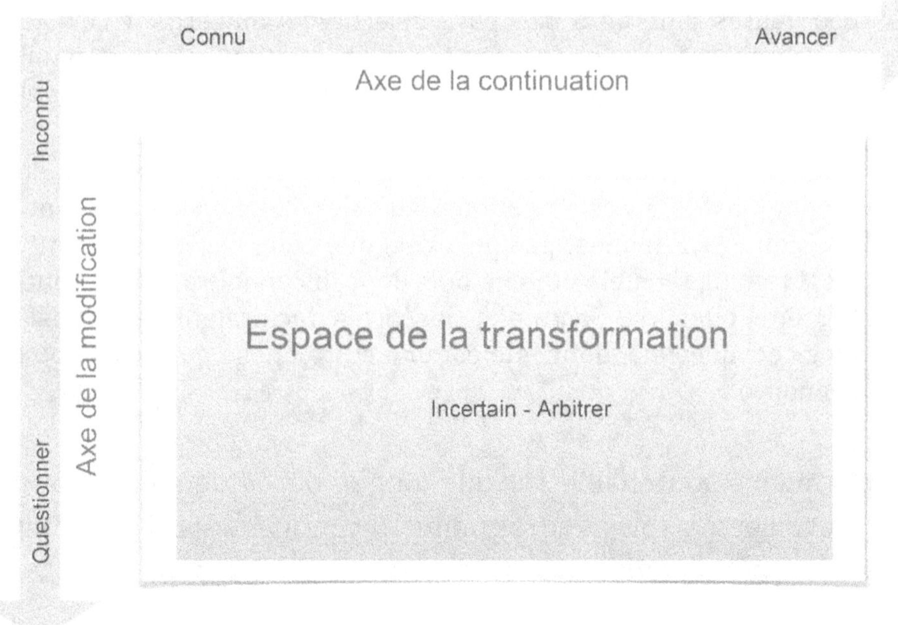

Figure 7.1

Le monde de l'incertain est aussi différent du monde de l'inconnu que de celui du connu. Jongler avec ces trois mots n'est pas qu'un effet de style ! Commençons par le monde du connu. Ce n'est pas parce qu'il est connu que l'on est certain que le connu va se produire, voire se reproduire. Par exemple, nous pouvons connaître ce que fait vivre un déménagement, forts de l'expérience de trois déménagements. Pour autant, comment pouvons-nous être certains de ce que l'expérience de ce quatrième déménagement va produire ? Pour le monde de l'inconnu, appuyons-nous sur le *Larousse* pour qualifier la différence avec l'incertain : « ce qu'on ne connaissait pas jusqu'alors » ou « ce dont on ignore la nature, les caractères, etc. » ou encore « ce dont on n'a jamais fait l'expérience ; nouveau ». Et maintenant, s'agissant de l'incertain : « ce qui n'est pas établi avec exactitude, connu avec certitude » ou aussi « qui n'est pas sûr, qui peut se produire ou non, être tel ou tel » ou enfin « qui n'est pas assuré dans ses jugements ou ses volontés ». Vous saisissez la nuance ? Dans un cas, on ne sait rien ; dans l'autre, on doute et de ce doute va naître la créativité et l'innovation.

Focus

Le doute, créateur du monde de l'incertain

Le doute : « État naturel de l'esprit qui s'interroge, caractérisé à des degrés différents soit par l'incertitude concernant l'existence ou la réalisation d'un fait, soit par l'hésitation sur la conduite à tenir, soit par la suspension de jugement entre deux propositions contradictoires[1]. »

Nous pourrions également parler du doute en philosophie, le doute sceptique et le doute socratique. Au sujet d'une chose, le sceptique nous dira : « Elle n'est pas plus ceci que cela, par conséquent, elle n'est rien de tangible et je ne puis donc la connaître. » Confrontés à la même question, Socrate et Descartes déclaraient : elle n'est pas plus ceci que cela, donc elle est une autre chose que nous pouvons connaître[2].

La performance soutenable sur une longue durée demande donc de savoir travailler à la fois avec le connu, l'inconnu et avec l'incertain en distinguant les caractéristiques de chacun d'entre eux pour les utiliser à bon escient.

Succomber à la tentation de transformer l'incertain en certain serait une erreur.

---

1 *Source :* Centre national des ressources textuelles et lexicales.
2 *Source : http://www.elements-de-philosophie.fr.*

L'incertain caractérise l'espace de transformation. Pour échapper au doute, il est tentant de vouloir manager l'incertain. Or c'est peine perdue, l'incertain ne peut être maîtrisé. C'est pourquoi nous vous proposons de passer du management DE l'incertain au management DANS l'incertain. Il s'agit d'accueillir l'imprévu, que ce soit pour le contrer, pour s'y adapter, ou, enfin, pour le transformer en opportunité. Manager DANS l'incertain, c'est se diriger dans le monde plein « d'inattendus », alors que manager l'incertain, c'est vouloir contrôler l'incontrôlable. Or nous savons tous que la réalité du monde actuel nous réserve chaque jour, et même chaque heure, des surprises, des crises, des avancées impensables jusqu'alors, des progrès déroutants ou porteurs de nouvelles opportunités, et que nous devons en tenir compte dans notre management comme dans notre vie en général.

Conduire la dynamique de la transformation

Vous vous souvenez que nous avons évoqué la notion de dynamique du changement dès l'axe de la continuation en vous montrant comment manager vos équipes dans les changements de « type 1 » : amplifier le positif et diminuer le négatif. Puis nous avons vu la posture à adopter dans la logique de la modification, avec les changements de « type 2 » : introduire de la nouveauté pour faire quelque chose de différent. Dans les deux cas, le principe d'homéostasie, à savoir la conservation de l'équilibre du système, entraîne des résistances, chez vos équipes comme chez vous-même en amont, c'est-à-dire avant la réalisation.

Dans la dynamique de transformation, pour tenir les deux axes en même temps sans les confondre, ni les omettre, vous allez envisager votre quotidien comme étant fait de sous-ensembles. Il y a des ruptures et de la continuation, simultanément mais dans des systèmes différents.

Prenons l'exemple d'une même journée. Une partie de votre équipe peut travailler à une nouvelle priorisation des projets pour engager tout votre département vers un nouveau futur. Dans le même temps, une autre partie de votre équipe est au contraire en train d'avancer sur un projet en cours. Les deux parties de cette même équipe ne sont pas mélangées pour l'instant.

Poursuivons avec, cette fois, non pas l'exemple d'une même journée, mais d'un même lieu. Dans une unité de production, vous profitez des vacances ou d'une période de chômage technique pour faire des travaux dans l'usine qui vont améliorer la sécurité. Et vous savez que, dès la fin de ceux-ci, le travail y reprendra comme avant. Vous avez décidé de ne pas faire les deux en même temps.

Prenons enfin l'exemple d'un déménagement. Votre entreprise déménage plusieurs sites pour les réunir dans un même lieu. Il y a bien rupture (géographique et relationnelle car on risque de ne plus avoir les mêmes collègues comme voisins de bureaux), mais il y a aussi continuation, car le travail... continue.

Comme vous le savez, la stabilité rassure. Pour insuffler une dynamique pérenne de transformation, nous vous invitons donc à créer des sous-ensembles composés soit de changements de type 1, soit de type 2. Vous aurez alors cet espace de transformation où coexistent les deux types de changement, de façon différenciée et, répétons-le, en renonçant aux transitions. Nous pourrions prendre la métaphore de l'arbre : la sève coule (type 1) et en même temps les feuilles tombent (type 2) pour que la nature se renouvelle (espace transformation).

> **Plus vous identifiez et communiquez sur la continuité, plus vous rassurez et plus vous pouvez garder des ouvertures à la modification qui sont par nature plus anxiogènes.**

Nous vous proposons de prendre la situation de Pierre, directeur du laboratoire pharmaceutique de l'usine X.

Pierre doit transférer le laboratoire dans une nouvelle usine qui se trouve à 20 kilomètres. Dans le siège historique de l'entreprise, le laboratoire est comme une institution. Une partie de l'équipe est satisfaite de ce mouvement car les locaux deviennent vétustes et certains équipements obsolètes. Une autre partie est perturbée par les conséquences de ce mouvement avec des temps de transport plus longs et la perspective de l'équipe élargie.

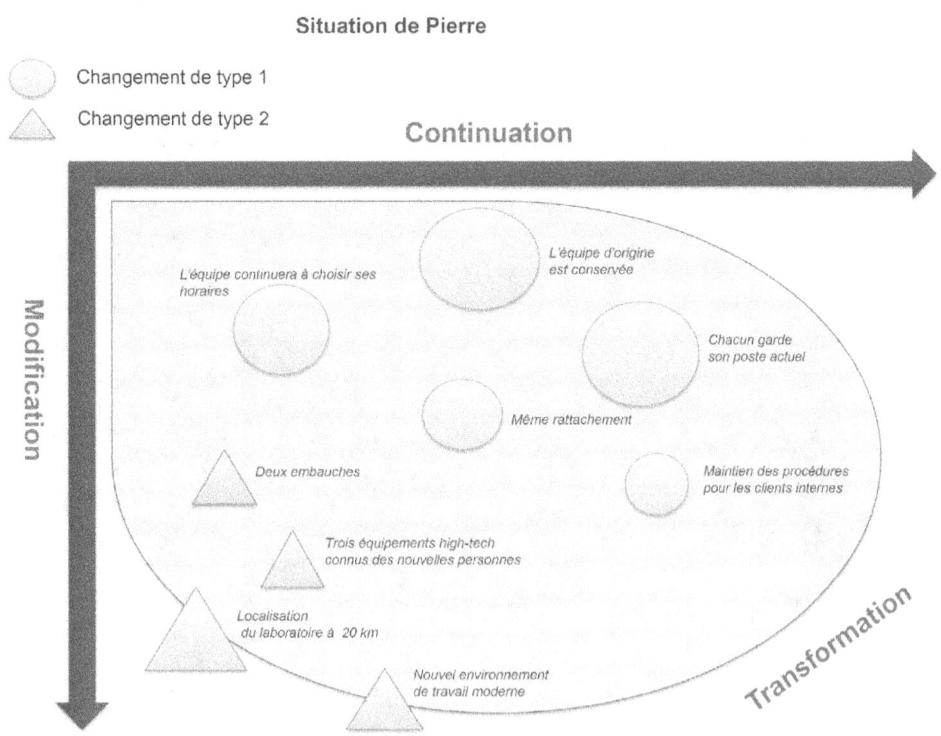

Figure 7.2

La figure 7.2 représente les changements de type 1 et de type 2 sous des formes géométriques différentes et aussi de tailles différentes. Elles correspondent à la perception de l'importance que Pierre accorde à ces changements. Cet exercice lui a permis de repérer les endroits de continuité, de stabilité pour l'équipe sur lesquels il peut s'appuyer dans le présent. Pierre y a juxtaposé les changements de type 2 qui introduisent de la nouveauté, nécessaire pour la réussite du projet. L'espace de transformation est ainsi représenté entre les deux axes et Pierre devra prendre en compte les deux types de changement qui ont été bien différenciés.

C'EST À VOUS

Choisissez un projet sur lequel vous travaillez et différenciez les changements de type 1 et de type 2. Attribuez des tailles différentes en fonction du poids que vous accordez à ces changements. (Attention ce n'est que votre perception et il sera nécessaire de croiser votre regard avec celui de votre équipe.)

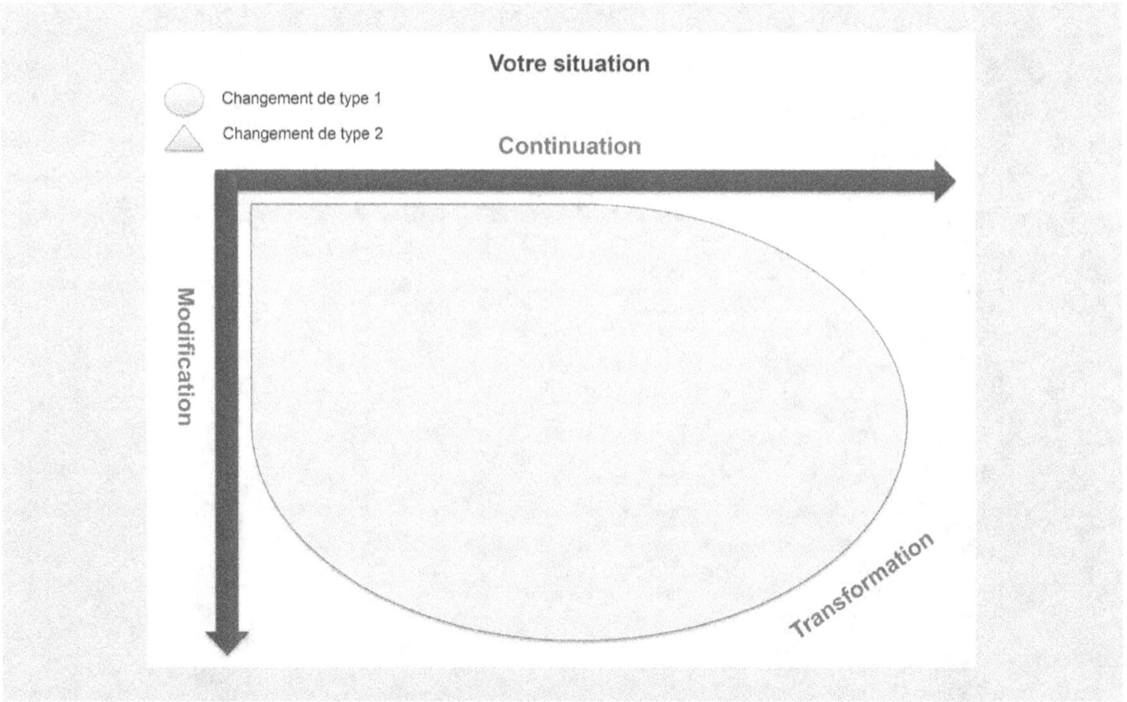

Décider dans le monde de l'incertain

Managers et dirigeants sont mobilisés à 200 % lorsqu'ils doivent prendre des décisions. Diriger, c'est décider : nous ne vous apprenons rien ! Le destin des organisations dans lesquelles vous œuvrez dépend de vos décisions et des ressources mobilisées pour les exécuter. Nous avons vu que dans la continuation, nous prenons le temps de récolter des données avant de décider : décisions de type A. Dans la modification, les décisions de type B demandent une prise de risque, l'écoute et l'observation des signaux faibles pour faire en sorte que la décision arrêtée devienne la bonne.

Dans l'espace de transformation, vous pourriez vous attendre à ce que nous vous présentions les décisions de type C. Seulement voilà, il n'en existe pas ! C'est une des spécificités de cette culture de la performance soutenable. Ici, votre management va s'appuyer sur votre capacité à choisir les décisions de type A ou les décisions de type B et à être clair.

La figure 7.3 présente des deux types de décision : être clair entre les décisions de type A et B veut dire ne jamais les croiser.

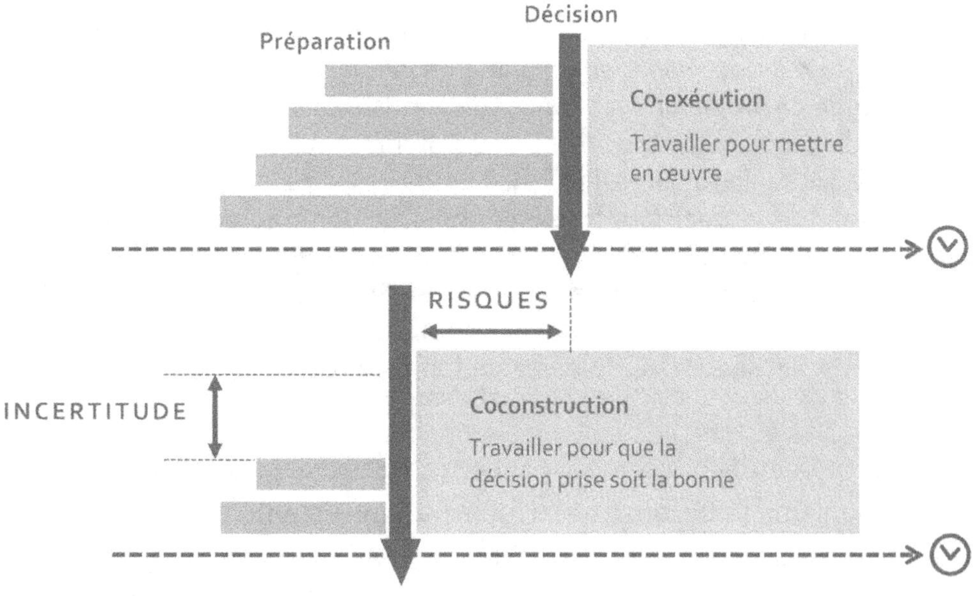

Figure 7.3

Les principaux dysfonctionnements dans la mise en œuvre de décisions se produisent dans un croisement que nous voyons souvent à deux niveaux.

Le premier niveau de croisement consiste à s'accorder le temps nécessaire pour récolter un maximum d'informations afin de prendre la bonne décision (type A) et ensuite à écouter chaque difficulté comme un signal faible qui n'a pas été entendu auparavant (type B). Ce croisement des deux types de décision conduit à une dispersion de moyens, de temps, d'énergie... Il risque, d'une part, d'invalider la qualité et la pertinence du travail fait en amont et, d'autre part, de générer de l'irritation, de la lassitude et du doute auprès des équipes. Normalement comme le temps nécessaire a été pris en amont, la discipline dans l'exécution devrait primer. Or, dans ce contexte de croisement, la prise en compte de nouvelles options remettrait en cause le travail de préparation autour de la décision prise.

Thomas a demandé à ses équipes de réfléchir à la mise en place d'un projet CRM *(customer relation management)*. Il a organisé des petits groupes pour définir le contour de ce projet innovant dans l'entreprise. Les groupes se sont réunis pendant trois mois, impliquant tous les collaborateurs. Une fois le projet défini grâce à ce long travail collectif de réflexion, Thomas décide de la mise en œuvre. Dès le lendemain de la décision, trois membres de son équipe apportent de nouvelles initiatives, propositions qui viennent confronter et changer la stratégie décidée. Thomas les accepte. Cela va générer de l'incompréhension, de la déception et donc une forte démobilisation des équipes qui ont travaillé longuement sur ce projet avec un sentiment de perte de temps et de gâchis.

Le second niveau de croisement concerne les décisions prises avec peu de préparation, une faible quantité d'informations en amont (type B) et une exécution disciplinée, sans flexibilité (type A). Ce croisement conduit à des risques d'erreurs importants, en ignorant les signaux faibles porteurs d'informations de dysfonctionnements potentiels. En effet, lorsque vous prenez une décision de type B, rappelez-vous qu'il vous manque des informations. Écouter les difficultés rencontrées en aval, les frustrations, les incompréhensions vous permet d'ajuster au fur et à mesure les actions pour que votre décision soit la bonne.

Une entreprise a dû décider dans l'urgence, sans pouvoir en analyser toutes les conséquences, de répartir la production de composants d'un même produit entre deux sites. Au fur et à mesure des deux années de production, les ouvriers des deux sites ont fait part de doutes, d'incompréhension sur la faisabilité de l'assemblage final des pièces produites par chacun. La réponse du management a été dans les deux cas et dans les deux sites : « As-tu une solution ? Non ? Alors ce n'est pas notre enjeu. » À la fin, lors de l'assemblage, les pièces ne pouvaient être réunies entre elles. Un retard d'un an a été pris pour finaliser l'assemblage des pièces venant des deux sites de production. Et pourtant, tout était là depuis un an dans le système, mais les managers ont pris une décision de type A avec une grande discipline d'exécution alors que la situation demandait une décision de type B avec l'écoute des signaux faibles pour s'ajuster dans la mise en œuvre.

C'EST À VOUS

Nous avons choisi d'exposer deux situations, à vous de déterminer si nous sommes dans un dysfonctionnement de type :

X1, croisement A (maximum d'informations) avec B (écoute des signaux faibles) ;

X2, croisement B (faibles informations) avec A (discipline d'exécution).

Cas n° 1 : Laura

Laura décide de changer de prestataire informatique, trop cher et peu proactif. Excédée par la récurrence des problèmes, elle demande à son service achats de lui proposer le remplaçant dans les quarante-huit heures, sans prendre en compte une étude approfondie sur l'impact opérationnel et juridique. Elle réunit son comité de direction. Elle écoute les avis pour ou contre et décide le changement malgré les doutes qui persistent sur la pérennité des opérations. Lors de l'exécution de la décision, elle choisit de ne tolérer aucune plainte ou retour d'information par les utilisateurs. Cette intransigeance entraînera de lourdes conséquences sur les livraisons et la facturation clients pendant plus d'un mois, entraînant 1 million de pertes de chiffre d'affaires.

Votre réponse : . . . .

Cas n° 2 : Georges

Georges est responsable de la communication interne au sein d'une grande banque. Cette banque vient de fusionner avec un autre groupe bancaire. Il doit lancer une campagne de communication importante lors du prochain séminaire des cadres dirigeants sur la mise en place de la nouvelle organisation et au-delà, mettre en avant toutes les opérations internes d'accompagnement du changement. Georges et son équipe interrogent toutes les directions pour connaître les opérations menées, leurs impacts. Nous sommes à deux semaines du lancement du séminaire, la campagne a été dessinée. Lors des comités de pilotage, Georges continue d'intégrer les informations du terrain, celles du siège, et modifie son plan de route. Ses équipes sont déstabilisées car elles doivent sans cesse réviser le plan média, changer les articles journalistiques, revoir le cahier des charges des vidéos avec l'agence de communication. Au final, les modifications permanentes entraîneront un retard dans la production de la campagne et des incompréhensions de la part des parties prenantes.

Votre réponse : . . . .

Maintenant, choisissez un projet en cours ou terminé sur lequel vous rencontrez des difficultés :

- Quelles sont les parties du projet où vous vous sentez bloqué et qui peuvent générer de la frustration dans la mise en œuvre ?
- Quels dysfonctionnements observez-vous en termes de marge de manœuvre ?
- Décrivez les exemples de croisement que vous avez pu opérer ou voir opérer au sein de ce projet.
- Identifiez les actions correctrices à mettre en œuvre.

Incarner l'autorité dans le monde de l'incertain

Pour mémoire, dans l'axe de la continuation, vous êtes attendu dans l'exercice d'une autorité de « père », plutôt respectueuse de la tradition et montrant de la prudence. Dans l'axe de la modification, vous êtes attendu dans une autorité de « chef », qui entraîne ses troupes en stratège. Et ici, dans l'espace de transformation, vous allez incarner l'autorité de « maître ».

Rassurez-vous, pas question de devenir le gourou de votre équipe ! Le maître tranche, arbitre. Cette autorité se concentre sur l'action, tenant compte autant du passé que du projet d'avenir. Ici le maître intervient dans le « présent », il arbitre entre le passé (le père) qui demande de la stabilité et le futur (le chef) qui invite à la rupture.

Le maître regarde et prend en compte la situation présente, par exemple la démission d'un collaborateur, un nouvel appel d'offres volumineux, une nouvelle commande, un concurrent qui lance un nouveau produit. Cette autorité du présent est incarnée par les Comex ou comités de direction qui engagent le présent de l'entreprise dans le futur. C'est aussi l'autorité des comités de pilotage des équipes projets qui suivent les plans opérationnels.

Cette autorité engage des ressources, évalue les risques et veille à l'équilibre des deux autres types d'autorité : elle leur donne leur légitimité, s'appuyant sur l'une ou sur l'autre selon les nécessités du moment. Elle prend en compte ce qui est considéré comme acceptable et légitime dans l'organisation et intègre les besoins de modification et d'ajustements liés à l'environnement. Puis elle tranche.

> **Ignorer cette autorité du « maître », c'est éviter de trancher entre les forces de stabilité et celles du renouveau.**

Un groupe automobile qui, après le succès de son dernier modèle, souhaite en lancer un nouveau dont le nom correspond au prénom du créateur de la firme. En même temps la ligne se veut complètement en rupture avec la mode de l'époque.

Au moment du lancement aux États-Unis, l'économie de marché se tend et le prix élevé de ce modèle est désajusté par rapport à la cible. Néanmoins, la symbolique et la charge émotionnelle liée au nom du modèle font qu'il n'est pas envisageable de remettre en question ce lancement. Cette donnée économique dans le présent ne sera pas prise en compte, la décision du lancement sera maintenue. Des pertes financières s'accumuleront et l'arrêt de ce modèle n'interviendra que trois ans plus tard.

> **Privilégier cette autorité du « maître » à outrance, c'est prendre le risque de comportements technocrates ou policiers qui ne comptent qu'avec ce qui est, c'est-à-dire avec la donnée brute. C'est aussi le risque d'une dictature de l'instant présent.**

Mark est directeur marketing d'une entreprise de vêtements qui, au moment d'un ouragan dévastateur, choisit un marketing opportuniste et décide d'inscrire sur les tee-shirts des slogans humoristiques faisant référence à cette tempête. Les consommateurs ont réagi avec véhémence sur la Toile. Ils sont déçus par cette communication décalée et surtout très déplacée. En voulant surfer sur l'opportunité qu'il a vue, Mark n'a intégré que le présent et a délaissé les valeurs de l'entreprise, ce qui a eu des répercussions très négatives sur l'image de la marque.

Pour conclure sur l'autorité du maître et son impact sur celle du père et du chef, voici quelques dialogues imaginaires entre un maître, un chef et un père.

> Le maître au père : « Le meilleur moment pour semer une forêt, c'est il y a vingt ans. Le second meilleur moment, c'est aujourd'hui » (proverbe africain).

> Le père, pour défendre son autorité pourrait partager ce proverbe chinois : « Reculez d'un pas et tout s'élargira spontanément », ou

encore ces mots de Churchill : « Plus vous saurez regarder loin dans le passé, plus vous verrez loin dans le futur. »

> Le maître au chef : « Avant de rêver, il faut savoir » (Jean Rostand).

> Le chef en contrepartie pourrait lui partager ces mots de Jules Renard : « Rêve de grandes choses, cela te permettra d'en faire au moins de toutes petites. » Ou encore ces mots poétiques de Tahar Ben Jelloun : « Rêver est une chose douce qui ne coûte rien et qui rassure. »

C'EST À VOUS

- Vous connaissez maintenant les trois types d'autorité.
- Pour vous permettre de mieux les saisir, leurs caractéristiques principales sont reprises sous la forme du schéma suivant :

■ 1. Nous vous invitons à revenir sur votre dernier comité de direction ou comité de pilotage d'un projet. Identifiez les actions initiées, les décisions prises en les attribuant au « père », « maître » ou « chef ».

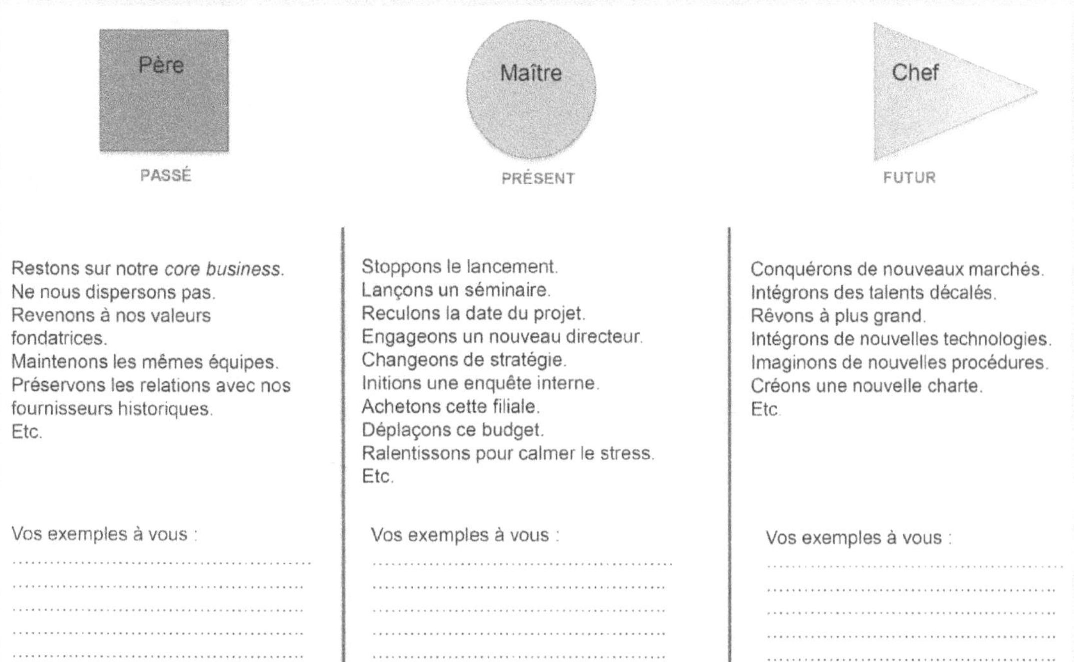

Restons sur notre *core business*. Ne nous dispersons pas. Revenons à nos valeurs fondatrices. Maintenons les mêmes équipes. Préservons les relations avec nos fournisseurs historiques. Etc.	Stoppons le lancement. Lançons un séminaire. Reculons la date du projet. Engageons un nouveau directeur. Changeons de stratégie. Initions une enquête interne. Achetons cette filiale. Déplaçons ce budget. Ralentissons pour calmer le stress. Etc.	Conquérons de nouveaux marchés. Intégrons des talents décalés. Rêvons à plus grand. Intégrons de nouvelles technologies. Imaginons de nouvelles procédures. Créons une nouvelle charte. Etc.
Vos exemples à vous :	Vos exemples à vous :	Vos exemples à vous :

■ 2. Autoévaluation sur votre niveau de confort dans l'utilisation de ces trois types d'autorité :

■ Notez sur l'échelle de 1 à 5 (1 = inconfort ; 5 = confort) en entourant le numéro.

Père	1	2	3	4	5
Maître	1	2	3	4	5
Chef	1	2	3	4	5

Chapitre 8

L'ACCUEIL, PIERRE ANGULAIRE DE LA PERFORMANCE HUMAINE ET SOUTENABLE

Comment une personne au sein d'une équipe peut-elle agir, prendre des risques, partager, créer, s'engager lorsque la notion d'accueil fait défaut ? Se sentir accueilli, attendu pour sa différence, conditionne le succès d'une équipe, d'une transformation ou d'un projet ambitieux. C'est pourquoi l'accueil nous apparaît comme la pierre angulaire pour construire cet espace de transformation. Plus que l'accueil, d'ailleurs, il s'agit d'une « dynamique de l'accueil », dans le sens où l'accueil est une force pour préserver l'équilibre fragile qui oscille dans cet espace entre la continuation et la modification. Réussir à instaurer une dynamique d'accueil apporte une mosaïque de différences qui, en se confrontant et en se complétant, génèrent une source de créativité. L'expression aboutie de ce potentiel créatif va ensuite mener à l'innovation, terreau de la performance soutenable. Il s'agit d'inscrire ce mouvement vertueux de façon durable au sein de vos équipes, de cultiver ce capital et de le protéger pour le rendre pérenne.

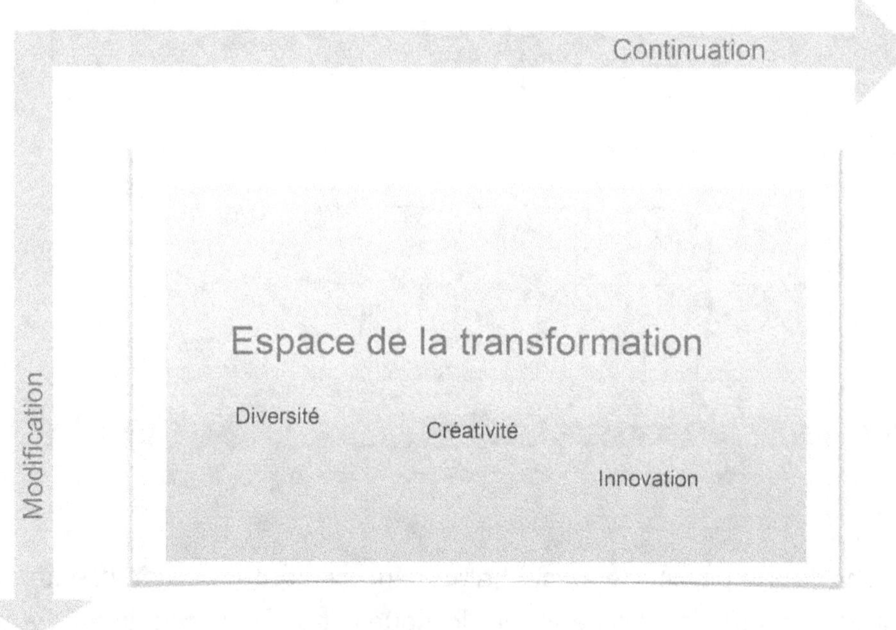

Figure 8.1

Travailler cette dynamique de l'accueil dans vos organisations permet de vous ajuster à un monde de plus en plus complexe.

Comme le représente la figure 8.2, la surface de transformation où se déploie la dynamique de l'accueil est couverte par cinq arcs concentriques. Entrons maintenant dans le détail.

Les cinq arcs de la dynamique de l'accueil

Dans l'espace de transformation, entre les deux axes de la continuation et de la modification, la performance humaine et soutenable va demander au manager de tenir ensemble ces polarités du connu et de l'inconnu. Elles sont en tension permanente, tout en étant complémentaires.

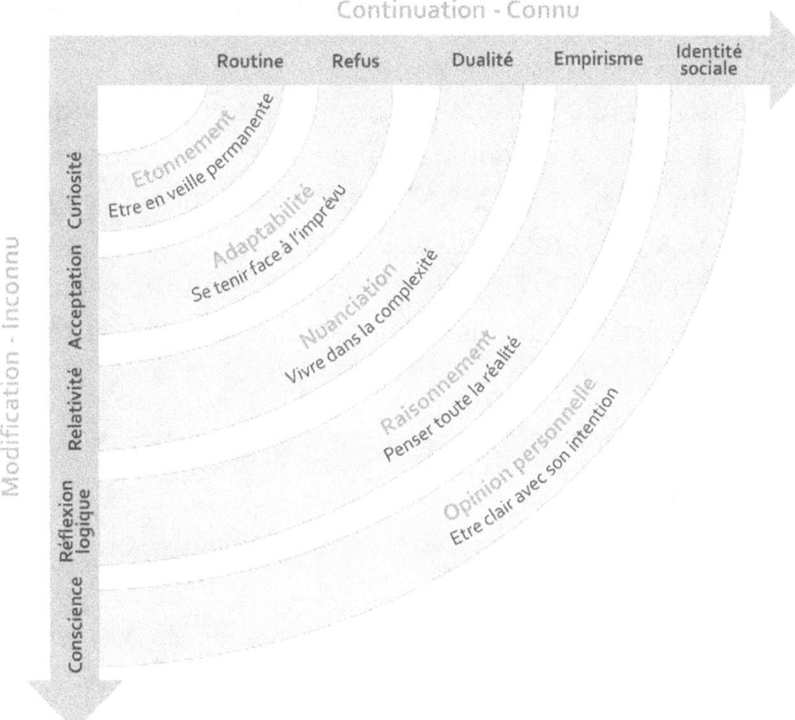

Figure 8.2

Elles induisent deux types de comportements : ceux propres aux environnements plus structurés ou déjà connus d'une part (*cf.* partie 1) et ceux propres à la gestion de l'imprévu d'autre part (*cf.* partie 2).

> La polarité du **connu** inscrit de la traçabilité. Elle agit selon un état d'esprit tranché : le vrai/le faux, le bon/le mauvais, être à l'aise/ne pas être à l'aise, etc. Son rôle est de fixer les apprentissages et les compétences, de repérer le déjà-vu, de gérer les affaires courantes. Ce connu sous-tend la plupart de nos actes et de nos pensées automatiques. Par exemple, quand vous préparez votre présentation pour le bilan trimestriel, ou quand vous réalisez les entretiens annuels avec vos collaborateurs.

> La polarité de **l'inconnu**, quant à elle, vient sans cesse tester notre capacité à faire face. En confrontant l'ordre établi, l'inconnu met du vivant que le connu se chargera d'harmoniser. Cette polarité est composée à la fois d'excitation et d'inquiétude. Il s'agit de penser en temps réel, porté par un état d'esprit en perpétuel mouvement, questionnement, recherche. C'est l'énergie des questions ouvertes, par exemple, quand vous prenez une nouvelle fonction, quand vous travaillez sur un nouveau projet, un nouveau produit : quoi ? qu'est-ce ? pourquoi ? quoi

145

d'autre ? combien ? comment ? jusqu'où ? pourquoi pas ? mais encore ? et si ? mais alors ?...

Nous représentons les comportements propres à la dynamique de l'accueil avec la forme d'arcs de cercle dans la figure 8.2 car ils sont reliés aux deux axes de la continuation et de la modification et occupent l'espace où la transformation agit. Ces arcs symbolisent l'amplitude des manières d'agir qui vont favoriser (ou non) et maintenir (ou pas) une attitude d'ouverture à l'incertitude et aux risques de découvertes inattendues, non désirées au préalable.

Ces cinq arcs sont les suivants :

> l'étonnement ;

> l'adaptabilité ;

> la nuanciation ;

> le raisonnement ;

> l'opinion personnelle.

Cette dynamique, à la fois fragile et puissante, repose sur des éléments tour à tour rationnels et subjectifs qu'il serait illusoire de vouloir contrôler mais que vous pouvez accompagner en tant que manager.

 LA QUESTION QUE VOUS VOUS POSEZ

« Nous avons bien essayé de mettre en place un dispositif d'accueil et d'intégration pour les nouveaux collaborateurs, les stagiaires, etc. Mais ça ne marche pas vraiment. Que proposez-vous de différent ? »

L'essentiel est d'éviter de juste tolérer l'autre. Et cela vaut tant pour vos collaborateurs vis-à-vis du nouvel arrivant que de la part de ce dernier à l'endroit des personnes déjà en place.

« Tolérance » et « tolérer » viennent du latin *tolerare* qui signifie « supporter ». Tolérer, c'est admettre qu'une chose est mauvaise ou incorrecte selon ses propres convictions, ses croyances et s'en accommoder pour éviter le conflit ou simplement par résignation.

On pourrait voir dans la tolérance un dédain policé ou encore une critique travestie.

Accueillir est cette attitude personnelle d'ouverture. C'est une démarche expérientielle qui implique l'ouverture à l'incertitude et aux risques de découvertes inattendues, non désirées au préalable.

Arc 1 : l'étonnement, être en veille permanente

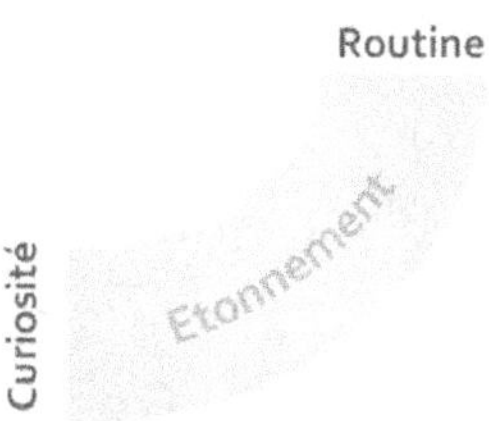

Figure 8.3

Ce premier arc comportemental dans la dynamique de l'accueil suppose que vous mainteniez active une capacité à vous étonner de tout, comme lors d'une première fois. Plutôt que d'avoir l'impression d'être dans le déjà-vu, voire d'être blasé, explorez ce qui se présente. Redécouvrez cette situation en apparence connue, comme la mode redécouvre régulièrement les époques oubliées ou méprisées. Par exemple, sur le trajet de chez vous à votre bureau, observez régulièrement ce qui change : l'avancement d'une nouvelle construction, le changement des publicités... Tout peut devenir et redevenir passionnant, par l'approfondissement de notre perception, par la revisite de l'ancien. Un livre que vous avez lu à vingt ans et que vous redécouvrez quinze ou trente ans après. Un de ces classiques qui vous semblait poussiéreux et qui, finalement, n'attendait que l'occasion de vous étonner encore.

Focus

Étonner *versus* surprendre

Dans le vocabulaire courant, nous avons tendance à confondre « étonner » et « surprendre ». Profitons de ce passage pour revenir sur le sens des deux verbes :
- *étonner* renvoie à l'idée de quelque chose que nous ne connaissions pas et qui éveille notre curiosité ou nous déroute ;
- *surprendre* renvoie à l'idée plus passive d'être pris au dépourvu, voire la main dans le sac.

Certains sujets ou certains thèmes, bien entendu, nous captivent davantage que d'autres. Cependant, le fait d'accepter d'être étonné en revisitant un univers connu peut nous permettre de sortir du rejet et de la désapprobation. Peut-être pas systématiquement, mais en s'efforçant de faire preuve d'ouverture d'esprit on donne à un dossier ou à la personne objet de notre redécouverte, une chance de nous étonner favorablement.

147

Nous apprenons ainsi à surmonter les crises, à tirer parti de l'imprévu, à remonter des échecs, à admettre des erreurs qui coûtent bien moins cher que notre obstination.

Comme le présente la figure 8.3, nous avons avec l'étonnement un mot-clé du côté de la polarité « connu », *la routine* et un mot-clé du côté de la polarité « inconnu », *la curiosité*. C'est dans cette tension créatrice de sens que va se jouer votre comportement d'accueil à ce premier stade.

> *La routine*, c'est l'attrait pour les habitudes, pour la maîtrise du connu, le non-désir de nouveauté, la crainte d'aller explorer concrètement ailleurs, autrement... C'est aussi le plaisir de mettre en équation, d'établir des grilles de lecture, de mettre une étiquette, d'émettre un diagnostic, de se référer à un protocole. C'est également le plaisir d'anticiper du « même », du constant à partir de l'expérience acquise.

> *La curiosité*, c'est la recherche active et exploratoire, voire sensorielle, de la nouveauté. C'est un des leviers de la découverte, de la quête vers l'autre, de l'attrait pour la différence... C'est aussi ce qui nous détourne de notre tâche ou de notre chemin, qui peut nous conduire à être parfois intrusif.

Routine et curiosité : préférences et comportements

L'un aime le connu, le long déroulement d'une journée comme les autres, le cycle des semaines, les lois, etc. Il s'appuie sur la force de l'expertise, la précision facile des gestes appris jusqu'à en être naturels, les rituels et les sanctuaires, les signes d'ordre et de paix. Face à un comportement curieux, on reconnaît celui qui loue la routine par des phrases comme : « Pourquoi aller chercher ailleurs ce que tu as ici ? Tu vas te disperser... Tu ne peux jamais faire deux fois la même chose de la même façon ? Tu nous fais tourner la tête... Tu parles à tout le monde, tu écoutes tout le monde, même ce qui est sans intérêt... » Et celui qui apprécie la routine dira de lui : « Tu sais organiser les choses, nous ne serons pas surpris... Tu nous rassures car tu sais structurer, mettre de l'ordre... Tu sais remettre les choses à leur place. »

L'autre assouvit son appétit pour le nouveau, sa part d'aventure qui aime la découverte, explorer les sensations inhabituelles, surprenantes, l'imprévu, l'improvisation. Il contemple et observe le différent, perçoit le monde comme une symphonie sans cesse renouvelée, étonnante, qui ne joue jamais deux fois la même partition. Face à un comportement routinier, on le reconnaît par des phrases comme : « Tu ne vas pas te transformer en mouton de Panurge… Il ne faut pas accepter l'évidence… Tu ne vas pas te laisser enfermer. » Celui qui loue la curiosité dira volontiers : « Tu nous ouvres l'esprit, tu nous emmènes au-delà de ce que nous connaissions, tu nous aides à innover, avec toi nous savons que nous apprendrons. »

Nous allons illustrer nos propos avec l'histoire d'Alex, dont nous suivrons les comportements d'arc en arc.

Alex est directeur du service clients pour une filiale française (société X) d'un grand groupe industriel. L'annonce de la *joint-venture* est d'abord apparue comme un frein à ses projets. Il avait œuvré pendant deux ans à la mise en place d'une nouvelle organisation entraînant des changements de définition de poste et de pratique impactant tout le réseau commercial. Il avait espéré pouvoir souffler un peu. Il maîtrisait les outils, son rôle était clair, les équipes étaient en place. Il aurait aimé pouvoir ne rien avoir à changer de lourd pour l'année à venir et ainsi faire exploser les indicateurs. Oui, il aurait aimé de la stabilité. Il ne voulait pas tout recommencer, il espérait bien pouvoir maintenir un *statu quo*. [Routine]

Alex se souvient de la première réunion avec la société Y, une grande salle et chacun s'asseyant de part et d'autre sans se mélanger. Il s'était laissé surprendre par cette rencontre. Il avait longuement observé son homologue, Jacques. « Tiens, ils ont l'air plutôt sympas. Mon homologue est très senior. Ils ne sont pas aussi requins qu'on le dit, ils sont moins structurés que nous, ils ont des pratiques qui sont surprenantes vis-à-vis de la loi. » Alex avait observé et commencé à poser des questions : « Mais comment réussissent-ils ce que nous n'arrivons pas à faire et pourquoi ce qui est si évident chez nous, ne l'est pas chez eux ? » [Curiosité]

C'EST À VOUS

Commencez votre autodiagnostic. Sur une échelle de 1 (faible) à 5 (fort), à quel niveau situez-vous votre préférence en ce moment pour la routine et votre préférence pour la curiosité ?

Étapes sur la dynamique de l'accueil

Arc 1 : étonnement

Degré d'appréciation	1	2	3	4	5
Routine				x	
Curiosité	x				

Le total des points doit être égal à 5. Par exemple, prenons l'arc : Étonnement, si Routine = 4, alors Curiosité = 1.

Arc 2 : l'adaptabilité, se tenir face à l'imprévu

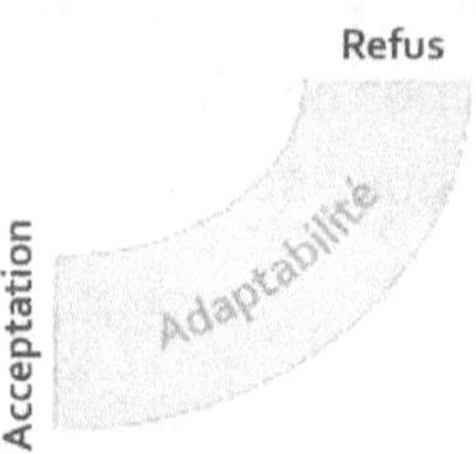

Figure 8.4

Dans ce deuxième arc comportemental, l'adaptabilité, vous allez inter-roger votre rapport à l'opportunité qui pourrait se cacher derrière un désagrément. Certains vont reconstruire, métamorphoser leur vécu de façon à rebondir (d'aucuns parleraient de résilience, à l'instar de Boris Cyrulnik), quand d'autres vont se montrer plus passifs et accepter les choses comme elles sont. Certains vont voir d'abord la dimension néga-tive de l'échec, quand d'autres vont y trouver une réalité cachée, une source de créativité, de développement, voire... une certaine sagesse.

Cet arc de l'adaptabilité nous invite à prendre conscience que notre façon de regarder l'imprévu détermine bien plus notre tension ou notre apai-sement que la difficulté en soi de la situation. Dit autrement, si nous ne sommes pas toujours responsables de ce qui arrive, nous sommes bien responsables de notre manière d'y réagir.

Quand nous nous situons du côté de l'acceptation plutôt que du refus, notre cerveau est prêt à bondir dans une autre direction. Être souple et mature libère notre capacité d'action et permet de se réaliser sans tension.

André Comte-Sponville nous explique : « Soucie-toi un peu moins de ce que tu regrettes ou crains, un peu plus de ce que tu as à faire – ou plutôt cesse de t'en soucier, et fais-le ! D'abord, cela occupe l'esprit, qui en devient moins anxieux ; ensuite cela réconforte, parfois par le succès, toujours par la puissance exercée et une certaine revalorisation, au moins, de soi-même. Tout homme qui se laisse aller est triste. Tout homme qui agit l'est moins[1]. »

Revenons à notre figure 8.2. Elle pose le *refus* comme mot-clé de la pola-rité « connu » et *l'acceptation* du côté de la polarité « inconnu ».

---

[1] *Le Goût de vivre et Cent Autres Propos*, édition en Livre de Poche, 2012.

> *Le refus*, c'est la volonté de ne pas se laisser déstabiliser par l'imprévu, de tenir le cap avec persévérance et fermeté, de ne pas admettre le manque d'anticipation. Et c'est aussi, parfois, l'obstination, la crainte du dérangement, la résistance aveugle au changement, une fermeture empreinte de rigidité.

> *L'acceptation*, c'est la capacité à faire avec l'imprévu, le dérangement ; à considérer l'échec ou la souffrance ou encore les succès et le plaisir comme source possible d'apprentissage, d'enrichissement, de renouveau, de rebond. C'est aussi parfois la soumission, la résignation ou la suradaptation. Accepter ne préjuge pas de l'action, ou de l'inaction, c'est conclure un pacte avec soi-même, notamment de ne plus refuser d'emblée. Il s'agit de se défaire en profondeur, d'une capacité naturelle au refus de l'imprévu.

Refus et acceptation : préférences et comportements

L'un aime accumuler, assurer en vue de consolider ses positions, persister, persévérer, résister aux mauvais coups du sort, maîtriser son destin, anticiper et gérer la sécurité, combattre et faire plier tous ceux qui le dérangent. Il tient à défendre sa corporation, sa culture, ses habitudes. Dans une organisation, en marquant son refus, il montre aussi sa capacité à dire non, à clore avant d'ouvrir du nouveau. Il sait mettre des limites pour protéger les personnes autant que l'ouvrage. On le reconnaîtra par des phrases critiquant l'acceptation, telles que : « Tu es influençable, tu acceptes tout sans te battre, tu te résignes... Tu n'as pas de colonne vertébrale, tu retournes ta veste... Tu me déstabilises, tu m'insécurises, on ne peut pas compter sur toi ! Tes compromis sont des compromissions... » Celui qui vantera le refus dira de lui : « Tu as su mettre tes limites... tu n'as pas plié... tu nous protèges des bourrasques... tu réduis pour nous le degré d'incertitude. »

L'autre, quant à lui, préfère prendre en compte la réalité de l'instant, intégrer ce qui fait obstacle, chercher les signaux faibles annonciateurs de rupture, s'adapter à un monde en mouvement et même anticiper les changements avant d'en être submergé. En faisant preuve d'acceptation, il montre sa capacité à se remettre en question, à dire oui au défi permanent et à rechercher l'ajustement constant. Quand il critiquera les personnes plus enclines au « refus », il dira : « Tu es fermé, borné, buté, obstiné, conservateur, résistant au changement... Ce que tu fais est inadapté, inapproprié. »

En revanche, à propos de l'acceptation, on l'entendra dire : « Tu as su être flexible, tu as fait preuve d'ouverture... tu sais te remettre en question, tu nous as permis de trouver une façon habile de contourner l'obstacle... »

Reprenons la suite de notre histoire avec Alex.

Les rencontres entre les directions des services clients X et Y se poursuivent et chacun met à plat ses fonctionnements. Alex sent bien qu'une partie de lui se rebelle contre les pratiques de la société Y sur la coordination des opérations commerciales, il ne croit pas à cette approche du portefeuille clients. C'est dépassé. Il est hors de question de revenir en arrière. [Refus]

Alex propose alors à Jacques de venir passer une journée avec lui et ainsi plonger vers l'inconnu, vers une organisation différente. Et puis Jacques a 55 ans et, pour Alex, il fait un peu partie des « dinosaures » de la société Y qui ont du mal à intégrer les nouvelles technologies appliquées au marketing. Pourtant, Alex et Jacques pendant cette journée vont accepter d'être momentanément dérangés dans leurs pratiques : « Et si l'autre avait trouvé une autre formule ? Finalement les résultats sont là aussi... Et si j'acceptais de rentrer dans cette approche, quelles seraient les difficultés et les opportunités pour mon équipe... plusieurs pratiques pourraient nous servir ? »... [Acceptation]

Alex et Jacques commencent à douter, mais à douter sainement, lâchant leur « pré carré mental » pour s'ouvrir à l'inconnu et enrichir leurs points de vue dans la différence et dans le commun.

C'EST À VOUS

Sur une échelle de 1 (faible) à 5 (fort), à quel niveau situez-vous votre préférence en ce moment pour le refus et l'acceptation ?

Étapes sur la dynamique de l'accueil

Arc 2 : adaptabilité

Degré d'appréciation	1	2	3	4	5
Refus		X			
Acceptation			X		

Le total des points doit être égal à 5. Par exemple, prenons l'arc Adaptabilité, si Refus = 2, alors Acceptation = 3.

Arc 3 : la nuanciation, vivre dans la complexité

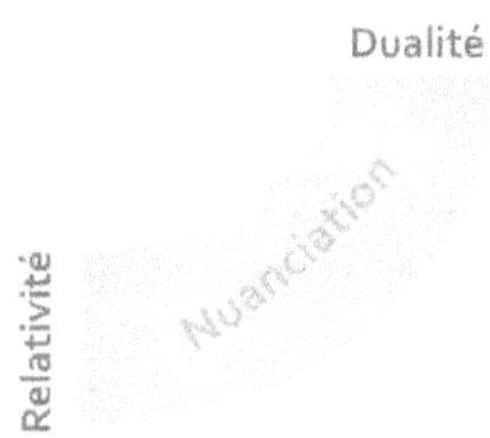

Figure 8.5

Dans la nuanciation, nous ne cédons pas à la facilité du discours bien tranché, catégorique ou binaire. Tim Harford, économiste anglais et journaliste notamment au sein de la rédaction du *Financial Times*, écrit dans son livre *Adapt : Why Success Always Starts with Failure*[1] : « Le monde est devenu trop imprévisible et profondément complexe [...] Nous devons nous adapter, improviser plutôt que planifier, travailler de bas en haut plutôt que de haut en bas, et faire des petits pas plutôt que de grands bonds en avant. »

Il s'agit de garder la complexité utile. Ainsi réduire à des simplifications « pédagogiques » peut étouffer la richesse de la complexité, voire... infantiliser. De même, multiplier les nuances peut amener à la confusion ou risque de retarder l'action. Restons donc conscients des approximations qu'imposent parfois notre langage et l'action quotidienne.

LA QUESTION QUE VOUS VOUS POSEZ

« Nuanciation ? Pourquoi pas la nuance, tout simplement ? »

La nuance est une différence légère ; par exemple entre plusieurs tons d'une même couleur. Pensez aux différents bleus que vous propose le nuancier d'un peintre.

Les nuances concernent de la même façon les pensées, les points de vue, les émotions... Percevoir les nuances demande une fine observation.

La nuanciation demande une capacité à être soi-même dans la nuance, c'est-à-dire à passer d'une nuance à une autre, d'un degré d'intensité à un autre. Par exemple de l'inquiétude à la préoccupation, de la satisfaction à l'enchantement, de la tension à l'anxiété, de la force à la bravoure, du point de vue à la conviction, du désaccord au rejet...

---

1 New York, Farrar, Straus and Giroux, 2011.

Comme pour les deux premiers arcs, l'arc de la nuanciation s'exprime dans la polarité « connu » avec *la dualité* et dans la polarité « inconnu », avec *la relativité*.

> *La dualité*, c'est une capacité utile pour faciliter la décision rapide en situation courante et maîtrisée : la simplification. Et c'est parfois la vision tranchée, manichéenne de situations complexes : la dichotomie. C'est aussi la capacité à s'affirmer ou affirmer, à avoir une opinion, et, à l'excès, la sensation que nos perceptions sensorielles sont « la réalité », que notre vision des faits est « la vérité ».

> *La relativité*, c'est la volonté de voir autant ce qu'il y a de positif que de négatif, d'imaginer les avantages cachés sous les inconvénients et vice versa ; une appréhension globale de la réalité. À travers la relativité, nous percevons la dimension infiniment complexe et mouvante des relations entre les éléments. L'incertitude et le provisoire, caractérisant la relativité, amènent à l'humilité. Relativiser à l'excès toutefois est une façon de procrastiner ou de fuir ses responsabilités...

Dualité et relativité : préférences et comportements

L'un aime la simplification, le binaire, le tranché, le définitif, le stable. Il apprécie de ramener l'atypique au typique, le hors-norme à la norme, l'inconnu au connu. Il aime également établir des règles, des certitudes, des vérités, des lois indiscutables, des valeurs absolues, des dogmes, un modèle du monde... Dans les organisations, la dualité se traduit par la capacité à trancher en toutes situations. Cette compétence est reconnue pour apporter de la clarté, de la lisibilité. C'est le monde de la « justice ». Ceux qui partagent cette manière d'aborder la réalité diront de lui : « Tu sais être clair... Au moins on sait pour qui tu "roules", tu ne tournes pas autour du pot... J'aime ta simplicité, tu me rassures. » Et, pour critiquer les adeptes de la relativité, ils choisiront des expressions comme : « Tu coupes les cheveux en quatre, tu es compliqué. Tu manques de lucidité, tu n'as pas les pieds sur terre. Avec ton recul sur tout, tu n'as même plus d'émotions, tu n'es plus humain ! »

L'autre, quant à lui, préfère préciser, capter la subtilité du réel, transcrire sa complexité. Il choisit l'analyse multicritère car il sait que le monde est bien plus complexe que nos représentations partielles et partiales. La relativité lui demande de prendre en compte la spécificité, voire l'exception, de chaque situation. C'est le monde où l'équité ou la « justesse » peut demander de transgresser l'application pure et dure de la justice. Ceux qui louent la relativité commenteront ainsi les comportements de leur collègue : « Tu sais prendre du recul, tu sais garder ton "sang-froid"... Tu sais nuancer les choses... Tu sais ne pas te prendre au sérieux. » Et les mêmes, qui critiquent les comportements reposant sur la dualité, oseront des jugements comme : « Tu es simpliste, balourd, tranché, cassant, sans nuance, incapable de concevoir au-delà d'une chose et son contraire... Tu es naïf, au premier degré, sans recul, accro à la "vérité". »

Poursuivons l'aventure d'Alex.

Alex ne comprend pas comment Jacques a pu décider de lancer le déploiement de la nouvelle stratégie commerciale de la marque Y aussi rapidement sans avoir intégré le juridique en amont pour réviser les contrats. Pour Jacques, c'est simple, il a l'habitude, il a toujours fait comme ça avec son équipe et n'a jamais eu de problème. Le plus important c'est de lancer la campagne promotionnelle avant l'hiver. Un point c'est tout. [Dualité]

Alex, quelques semaines plus tard, est confronté à un problème avec un client grand compte qui vient de rejoindre le portefeuille. Il décide de travailler avec le service juridique pour ficeler les contrats. Le client est prêt à passer une commande importante et il faut que le contrat soit prêt pour le créer dans le système. Le temps passe, les réunions avec le juridique soulèvent des questions importantes et des enjeux entre le commercial, le juridique et les services support.

C'est alors qu'il repense à Jacques et décide de l'appeler pour lui demander comment il ferait face à ce cas. Alex sort d'une logique binaire pour accepter la complexité de la situation et s'appuie sur l'expérience, la séniorité et la pratique différente de Jacques. [Relativité]

C'EST À VOUS

Sur une échelle de 1 (faible) à 5 (fort), à quel niveau situez-vous votre préférence en ce moment pour la dualité et la relativité ?

Étapes sur la dynamique de l'accueil

Arc 3 : nuanciation

Degré d'appréciation	1	2	3	4	5
Dualité					
Relativité					

Le total des points doit être égal à 5. Par exemple : prenons l'arc Nuanciation, si Dualité = 1, alors relativité = 4.

Arc 4 : le raisonnement, penser toute la réalité

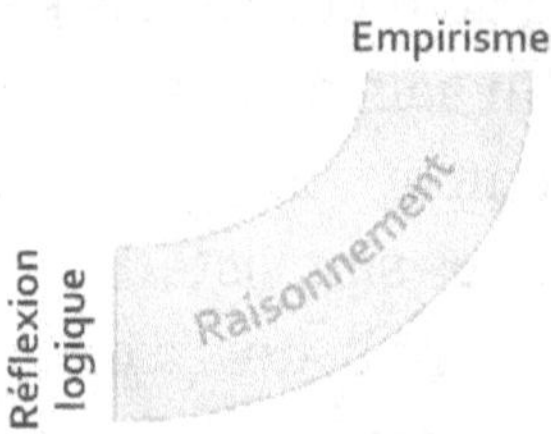

Figure 8.6

Quand on rencontre une nouvelle personne, notre premier avis peut se révéler erroné. On se laisse berner par une première impression, que ce soit en positif ou en négatif. L'enjeu, dans l'accueil, est de deviner, puis révéler, les forces à l'œuvre derrière les apparences qui peuvent être trompeuses. C'est l'objet de l'avant-dernier arc de notre parcours favorisant l'accueil, celui de la pensée. Il s'agit de prendre le temps de réfléchir, de raisonner, de laisser notre bon sens fonctionner... Plutôt par jeu que par inquiétude, volonté de contrôler ou d'apporter une réponse.

Ici, votre point de vigilance ainsi que celui de vos équipes sera d'accepter de vous confronter et de vous re-confronter aux émergences de la réalité (nouvelles données du marché, entrée d'un concurrent, nouvelle réglementation, révolution technologique...). Car se tromper n'est pas grave, c'est persévérer à tort qui est diabolique... ou plutôt automatique !

Le raisonnement, c'est justement ne pas chercher à retrouver ce que l'on sait.

Dans l'espace de transformation, le monde de l'incertain, la logique pure n'est pas suffisante. Plutôt que de compter uniquement sur la logique, il s'agit d'utiliser aussi l'intuition créatrice aiguisée par des années d'expérience.

Focus

Les erreurs de jugement

Les recherches en neurosciences comportementales ont mis au jour comment notre cerveau est soumis à des illusions de façon automatique et involontaire, des distorsions mentales, cognitives, qui conduisent aux erreurs de jugement. Daniel Kahneman, psychologue et Prix Nobel d'économie, les relève dans un livre passionnant[1].

---

[1] *Système 1, système 2. Les Deux Vitesses de la pensée*, Flammarion, 2012.

> Un exemple de distorsion : la régression vers la moyenne, à savoir la tendance généralisée d'attentes élevées sur un nouveau recrutement par exemple et la déception ensuite de constater que le candidat, qui n'a pourtant pas démérité, n'est pas aussi « génial » que ce qu'on imaginait, car effectivement il y a beaucoup plus de gens moyens que de gens géniaux mais notre cerveau s'évertue à nous faire croire le contraire.

En nous appuyant toujours sur la tension porteuse de sens et d'énergie entre la polarité du connu et celle de l'inconnu, nous aurons pour l'arc du raisonnement.

> *L'empirisme*, c'est-à-dire la prééminence de l'expérience, la focalisation sur les résultats. C'est l'idée que toute pensée valable se fonde sur la confrontation au réel. En observant la réalité sans idées préconçues, on en déduit des concepts, des hypothèses. On parle de démarche inductive, à partir de faits, de cas singuliers pour construire une proposition générale. C'est la recherche utile de l'opérationnel, des recettes qui marchent, des seuls résultats, et c'est aussi l'aversion pour la réflexion perçue comme stérile et compliquée, « preneuse de tête ».

> *La réflexion logique*, c'est-à-dire la prééminence de la théorie, la focalisation sur l'explication, c'est la recherche active de la compréhension des mécanismes cachés qui animent le monde, le sentiment que tout pourrait se comprendre, qu'il y a des causes sous les effets visibles… et trompeurs. C'est vivre la logique comme un « regard », un sixième sens qui sonde les mystères des sensations, et c'est aussi le risque de mettre du sens à tout prix, là où le raisonnement échoue. La démarche déductive se fonde sur la raison logique plutôt que sur le sens ou l'expérience.

Empirisme et réflexion logique : préférences et comportements

L'un aime l'expérimentation, les recettes et autres savoir-faire, les décisions carrées : il valide ce qui marche et élimine ce qui échoue. Les tenants de l'empirisme adresseront des reproches aux adeptes de la réflexion logique en ces termes, par exemple : « Tu construis des usines à gaz. Ton discours est compliqué, on ne comprend rien à ce que tu racontes. Tu cherches midi à quatorze heures. Que veux-tu, concrètement ? » Et ils défendront leur penchant naturel pour l'empirisme : « J'aime vérifier, mettre à l'épreuve du feu, partir des faits et non des concepts. Cela me rassure de voir l'expérience, de m'y référer. C'est concret, je peux voir ce dont tu parles. » Dans

157

une organisation, l'empirisme est la valeur portée par les pragmatiques, une soif de preuves concrètes ou tangibles pour asseoir sa crédibilité vis-à-vis des clients ou des pairs. C'est aussi penser de façon à simplifier les tâches de tous : par exemple en faisant un travail exhaustif pour valider les expériences avant de prendre une décision. Vous reconnaîtrez ici les décisions de type A que nous avons décrites dans le premier chapitre, en lien avec l'axe de la continuation. Il est ainsi plus simple « d'exécuter la bonne décision ». L'empirisme est un atout pour les décisions de type A.

L'autre, quant à lui, préfère réfléchir, comprendre la cascade et l'interaction des causes et des effets, garder un œil critique sur ce qui marche. Il évite également de tout jeter dans ce qui a échoué, sans en avoir compris le déroulement précis. Il traque les causes, pas les effets. Les personnes favorables à cette démarche intellectuelle diront de lui : « Ce que tu ne peux pas démontrer n'a pas de valeur… ce qui ne peut pas se répéter, n'existe pas… Il faut savoir rebondir en utilisant ce qui se passe, affiner les étapes au fur et à mesure de nos réussites comme de nos échecs. » Nous pourrons les entendre dénigrer l'approche empirique en ces termes : « Tu as le nez dans le guidon, tu ne vois pas plus loin que le bout de ton nez. Tu es incapable de réfléchir avant d'agir, tu appliques les recettes et des règles éculées. » La réflexion logique est le royaume de ceux qui prônent l'écoute totale (généreuse), la vigilance aux signaux faibles. C'est cette qualité indispensable pour prendre des décisions dans un monde incertain. Vous reconnaîtrez maintenant les décisions de type B que nous avons décrites dans le chapitre 4 avec l'axe de la modification. Il ne s'agit pas avant tout de prendre la bonne décision, mais de faire en sorte que « la décision prise devienne la bonne ». Cela suppose de savoir intégrer l'inattendu comme une nouvelle donnée qui permet de réussir. Ainsi la réflexion logique est un atout pour les décisions de type B.

Retrouvons maintenant la suite de notre feuilleton avec Alex.

Le projet CRM européen arrive à une échéance importante, il faut décider maintenant des recommandations en matière de progiciel intégré pour gérer le projet.

Alex présente ses recommandations devant Sven, son patron fonctionnel. Ces mois aux côtés de Jacques et de ses équipes lui ont permis de prendre du recul, d'intégrer du nouveau. Ce qui lui semblait inconcevable est devenu possible. Sven réagit face aux propositions en soulignant qu'il faut aller à l'essentiel, tester et encore simplifier pour que ce soit compréhensible et applicable par le plus grand nombre (empirisme). Il souhaite surtout garder ce qui fonctionne le mieux dans la majorité des pays.

Alex, de son côté, croit qu'il faut se donner encore du temps sur les choix finaux car ce qui peut paraître évident aujourd'hui en termes d'efficacité pourrait se révéler pénalisant sur le long terme pour la *joint-venture*.

Il pressent qu'il faut aller plus loin et même envisager d'autres hypothèses, il imagine une troisième voie que, peut-être, personne n'a jamais mise en place en intégrant les enjeux technologiques CRM du futur. [Réflexion logique]

C'EST À VOUS

Sur une échelle de 1 (faible) à 5 (fort), à quel niveau situez-vous votre préférence en ce moment pour l'empirisme et la réflexion logique ?

Étapes sur la dynamique de l'accueil

Arc 4 : raisonnement

Degré d'appréciation	1	2	3	4	5
Empirisme					
Réflexion logique					

Le total des points doit être égal à 5. Par exemple : prenons l'arc Raisonnement, si Empirisme = 4, alors Réflexion logique = 1.

Arc 5 : l'opinion personnelle, être clair avec son intention

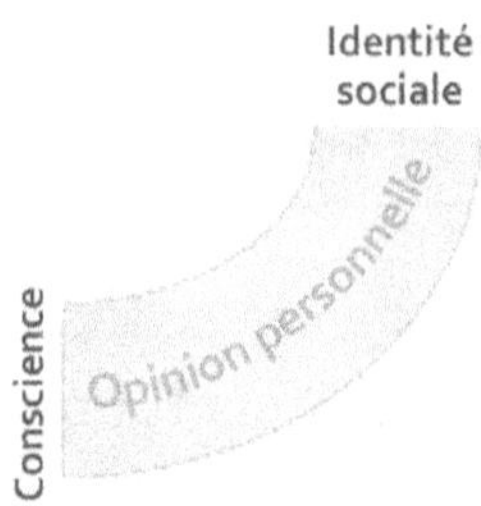

Figure 8.7

Ce cinquième et dernier arc dans la dynamique de l'accueil implique la capacité à prendre conscience de soi au sein d'un collectif. L'enjeu de l'opinion personnelle se dessine autour de la disposition à être clair dans son intention, à travers les notions de sécurité et d'appartenance.

> **La sécurité :** quand nous ne sommes pas conscient de notre intention, notre sécurité dépend alors de ce que nous croyons que les autres pensent de nous.

> **L'appartenance :** être centré, confiant, conscient de sa valeur propre permet de mieux vivre avec le regard ou le jugement perçu de l'autre à son égard.

 ## LA QUESTION QUE VOUS VOUS POSEZ

« Vous parlez d'être au clair avec son intention. Ce n'est pas si simple de faire abstraction de ce que pensent les autres. Comment faire ? »

En effet, c'est une des raisons pour lesquelles nous restons à l'écoute des autres. Nous imaginons ce qu'ils pensent de nous à partir de ce qu'ils disent et montrent, ou plutôt de ce que nous croyons en comprendre. C'est une source de stress importante.

Inspirons-nous du Mahatma Gandhi quand il dit : « Le bonheur c'est quand ce que vous pensez, ce que vous dites et ce que vous êtes sont en harmonie. » Être clair avec son intention facilite l'alignement de ces trois éléments : pensée, parole et action. Il est alors possible de tirer un sentiment d'accomplissement et de satisfaction à servir une cause plus grande.

Dernier éclairage sur la polarité du connu et celle de l'inconnu. Cette fois, l'arc de l'opinion personnelle oscille entre :

> *l'identité sociale*, c'est la capacité à se construire une première identité à partir du sentiment d'appartenance. C'est une perception émotionnelle de ce qui se fait ou pas, ce qui est acceptable socialement ou pas dans un groupe (grégarité). C'est aussi une préoccupation liée au regard des autres. L'identité sociale se réfère autant à la place donnée au positionnement hiérarchique dans un groupe qu'à la façon de s'ajuster à la dynamique d'un collectif pour l'enrichir ;

> *la conscience personnelle*, c'est la conscience de l'autre comme d'un autre soi-même, la conscience d'un groupe comme un ensemble d'individus et non pas comme une masse informe. On cherche plus l'opinion ou les sentiments de l'autre qu'on ne craint son jugement. En ce sens, on est à même d'affirmer son opinion, même si l'on est seul à l'incarner, sans être sûr pour autant d'avoir raison, c'est l'expérience de l'individuation. Poussée à l'excès, la conscience personnelle peut mener au danger de l'égotisme, c'est-à-dire une forme de préférence de soi où le lien à l'autre n'existe plus. Toutes les singularités ont alors leur place mais il n'existe pas de dynamique collective.

Identité sociale et conscience personnelle : préférences et comportements

L'un est animé par le besoin d'appartenance. Il aime être valorisé, aimé, se sentir méritant, être glorifié pour ses initiatives, ses contributions. Dans une organisation, l'identité sociale correspond à son désir de voir sa marque (individuelle, d'équipe, de direction ou d'entreprise) désirée, reconnue ; avoir une identité visible de loin, se différencier pour être toujours plus attractif. C'est la volonté d'être accepté, qui peut conduire au culte de l'audimètre. Il fera valoir sa préférence pour l'identité sociale par des formulations du type : « On arrive plus loin à plusieurs... L'union fait la force... » et pourrait bien risquer d'être critiqué ainsi par celui qui préfère se revendiquer d'une conscience personnelle « Tu n'as pas d'opinion propre, d'expérience véritablement personnelle, tu es un perroquet. Tes conclusions sont connues d'avance, c'est sans valeur ajoutée. »

L'autre préfère se forger d'abord sa pensée propre, identifier ce qu'il croit acquis ou à développer et ce qui est le plus important. Il aime choisir en fonction de ses opinions, goûts et motivation. Alors, seulement, il décide, prêt à assumer ses actes, capable de faire le tri entre le jugement émotionnel des autres, les faits et ses propres émotions. La conscience personnelle relève du domaine de l'éthique individuelle, de l'intégrité et de la cohérence. Chez un manager/dirigeant, c'est l'expression de son charisme.

Le paradoxe est qu'en étant clair avec son intention et en la partageant, il va permettre aux autres de le rejoindre et alimenter ainsi l'image sociale du groupe.

Focus

Le charisme

Le *Larousse* nous propose cette définition : « Grand prestige d'une personnalité exceptionnelle, ascendant qu'elle exerce sur les autres. » Au-delà de ce premier regard ambitieux, ce don ou ce talent est une faculté qui se cultive, par des techniques gestuelles et posturales notamment.

Pour aller plus loin dans l'acquisition de ces savoir-faire, lisez ou relisez Chilina Hills, auteure de *Cultivez votre charisme. Comment développer votre pouvoir de conviction* (Éditions d'Organisation).

Nous croyons que le charisme lié à la performance durable repose aussi sur un rayonnement personnel éthique, une beauté intérieure, une cohérence interne qui transparaît à l'extérieur et assoit la crédibilité de la personne.

Celui qui loue la conscience personnelle ira de ses commentaires, tels que :
« Tu as fait preuve de discernement, tu es clair avec toi-même, en accord.
Tu es transparent, ton authenticité nous aide à nous positionner. »

A contrario, il pourrait s'entendre critiquer : « Tu ne peux pas faire comme
tout le monde, ce n'est pas simple de travailler avec toi, tu es individua-
liste, tu ne te livres pas... Tu nous mets mal à l'aise quand tu nous observes,
on ne sait pas ce que tu penses. Ne te prends pas pour plus que tu n'es... »

Et pour continuer avec l'histoire d'Alex.

Alex a convaincu le groupe de creuser certaines analyses et notamment les stratégies de télévente en allant chercher de l'expertise à l'extérieur des deux sociétés, auprès de spécialistes dans le monde des assurances et des cosmétiques. Sven reste dubitatif face à cette approche qui ne rentre pas dans les priorités du comité de direction en ce moment. Il lui propose néanmoins de venir présenter son projet d'ici à trois semaines.

Mobilisé par ce projet qui lui tient à cœur, Alex sait qu'aujourd'hui, au niveau des dirigeants européens de la *joint-venture*, il n'est pas de bon ton de promouvoir une autre voie plus innovante mais plus difficile à mettre en œuvre dans les mois à venir. Il veut veiller aux réactions des équipes et des partenaires sociaux. [Identité sociale]

Pourtant Alex sent que cela vaut la peine de défendre son point de vue, y compris au niveau le plus haut pour être écouté sur la philosophie de son approche. Il pense que s'il ne va pas au bout de son analyse, il ne ferait pas son travail de directeur d'une manière éthique et ne se respecterait pas. [Conscience personnelle]

C'EST À VOUS

Sur une échelle de 1 (faible) à 5 (fort), à quel niveau vous situez-vous entre préférence en ce moment pour l'identité sociale et la conscience personnelle ?

Étapes sur la dynamique de l'accueil

Arc 5 : opinion personnelle

Degré d'appréciation	1	2	3	4	5
Identité sociale					
Conscience personnelle					

Le total des points doit être égal à 5. Par exemple : prenons l'arc Opinion personnelle, si Identité sociale = 1, alors Conscience personnelle = 4.

Auto-évaluation : décryptages sur vos préférences

Nous vous proposons de reporter l'ensemble des scores sur le graphique suivant le modèle ci-dessous. Ainsi vous aurez une représentation de vos préférences pour chaque polarité. Il s'agit de vos préférences en ce moment. Cette auto-évaluation est un support pour votre réflexion et vous invite à approfondir en fonction des personnes et des situations.

Par exemple, si votre score *Identité sociale* est égal à 1, cela peut signifier que vous avez à développer l'agilité à vous ajuster à la dynamique d'un collectif. Le score *Conscience personnelle* étant à 4, cela peut signifier que vous avez une grande capacité à affirmer votre opinion sans peur du jugement de l'autre. Peut-être avez-vous à partager, à transmettre cette capacité à vos équipes.

Autre exemple, si vous avez un score pour le *Refus* de 2 et pour l'*Acceptation* de 3, vous êtes à l'aise avec les deux et savez faire « danser » les deux polarités. C'est donc à renforcer. Peut-être pouvez-vous regarder à quel moment privilégier l'un ou l'autre de ces comportements dans le détail des situations.

Exemple :

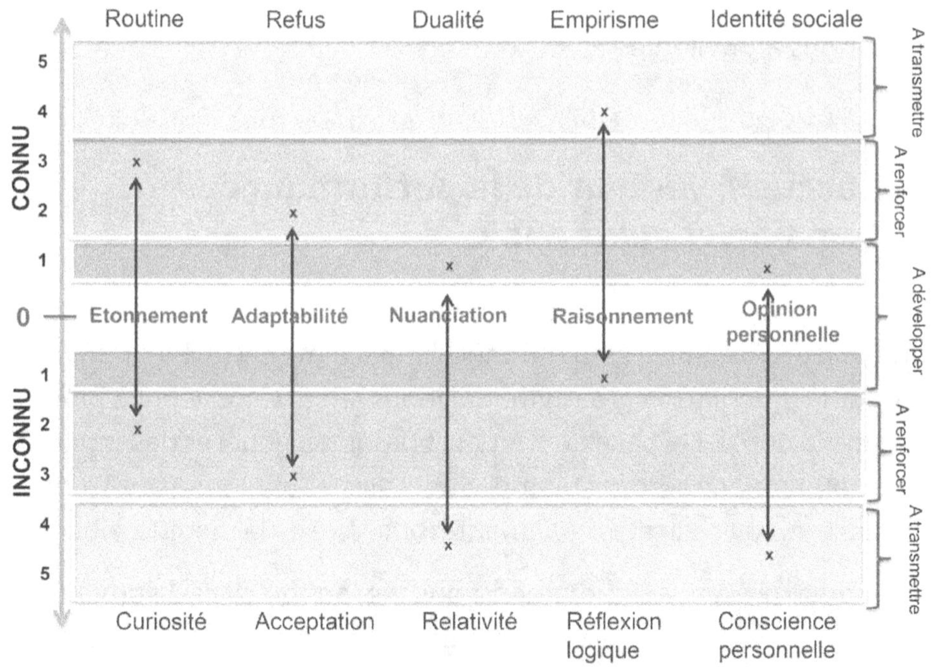

- Échelle de notation : 5 et 4 = comportement à transmettre.
- Échelle de notation 3 et 2 = comportement à renforcer.
- Échelle de notation 1 et 0 = comportement à développer.

C'est à vous...

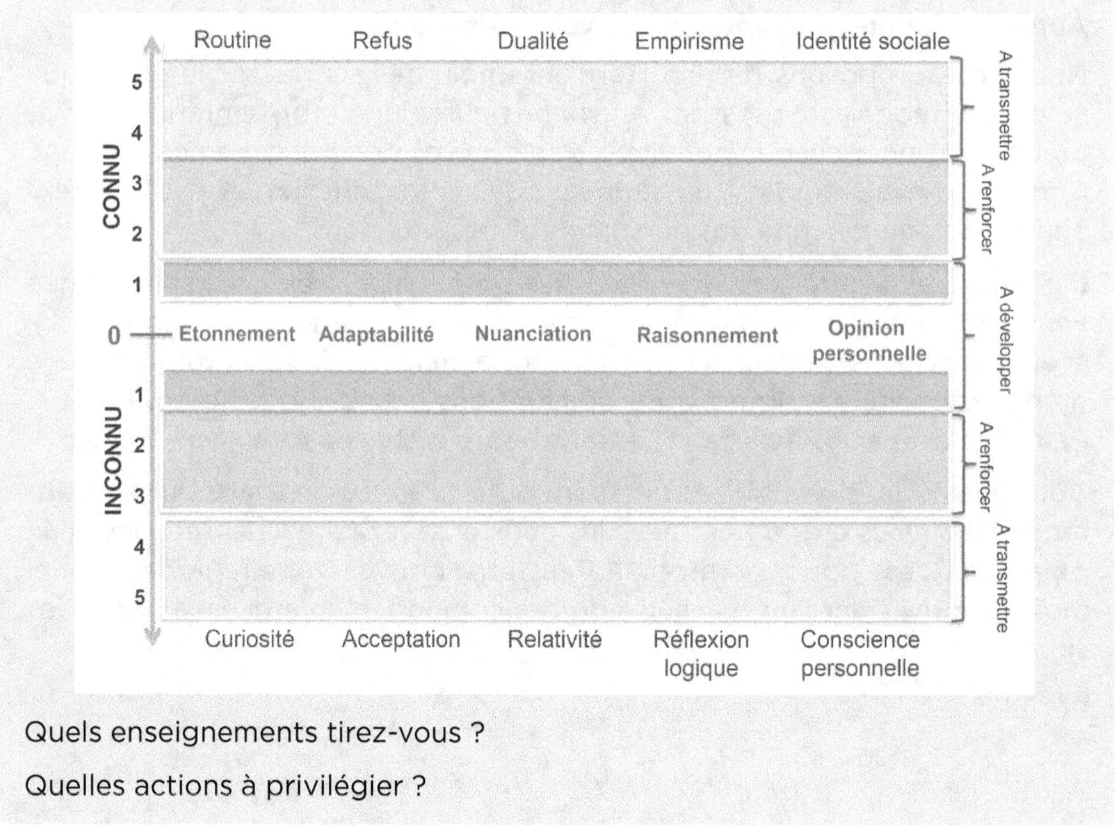

Quels enseignements tirez-vous ?

Quelles actions à privilégier ?

L'accueil, vecteur de la performance humaine et soutenable

Au début de ce chapitre, nous avons souligné l'importance de l'accueil pour soutenir la performance et mentionné l'impact que cette dynamique peut avoir sur la diversité, la créativité et l'innovation. Nous y voilà plus en détail. Dans la durée, l'espace de transformation va générer des innovations. Ces innovations seront soit incrémentales et alimenteront l'axe de la continuation, soit radicales et alimenteront l'axe de la modification.

Attachons-nous à présent à l'innovation, nous verrons qu'elle est souvent associée à la notion de diversité à laquelle nous consacrerons spécifiquement notre prochain chapitre. Notre conviction est qu'en améliorant ou en maintenant une dynamique d'accueil, l'innovation va devenir un moteur pour nos deux axes. Ainsi, développer sa capacité d'accueil engage l'individu, autant que le système, les faisant grandir tous les deux dans une dynamique dont le fruit est l'innovation.

Quand une goutte de pluie tombe dans l'eau, elle propage des ondes, à l'image de ronds dans l'eau pour ensuite disparaître dans la masse. Cette métaphore illustre assez bien notre modèle. L'accueil est un peu comme une goutte d'eau qui tombe dans un lac ou même, simplement dans un verre déjà rempli. Cette goutte unique va propager des ondes puis disparaître dans le tout. L'innovation naît de plusieurs ondes qui se propagent : d'abord entretenir sa singularité pour ensuite se fondre dans la diversité qui va permettre de libérer la créativité et, enfin, d'orchestrer l'innovation.

LA QUESTION QUE VOUS VOUS POSEZ

« À quoi bon développer sa singularité si c'est pour se fondre dans la masse ensuite ? »

L'accueil est un enjeu propre à chaque être dans sa singularité. En s'ouvrant à l'incertitude il est le premier levier incontournable pour construire la diversité.

La diversité est cet ensemble formé par les minorités, le gisement de la richesse.

La créativité est d'abord un potentiel individuel et collectif, puis une façon de cultiver le capital « richesse » de cette diversité. C'est aussi l'originalité dans la manière d'associer des choses.

L'innovation, ce sont les initiatives porteuses, les projets qui aboutissent, le fait de réaliser quelque chose pour la première fois.

Pour garder notre image des ronds dans l'eau, la figure 8.8 représente l'influence qu'exerce la dynamique de l'accueil sur l'innovation :

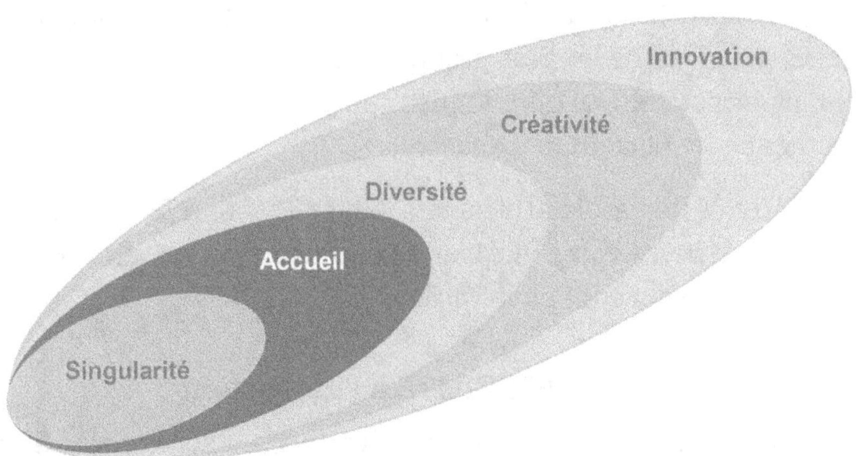

Figure 8.8

165

Les cinq arcs de la dynamique de l'accueil permettent de penser et d'agir de manière flexible. Ils créent un état d'esprit qui favorise la diversité, la remise en question du *statu quo*, les options ouvertes et ultimement l'innovation.

Regardons comment chaque étape de la dynamique de l'accueil contribue à la propagation des ondes pour générer l'innovation.

La contribution de l'ÉTONNEMENT à l'innovation

La capacité à s'étonner, le plus souvent, va de pair avec la facilité autant que le plaisir à se décaler de l'évidence, du *statu quo*, de l'état de fait. Elle se manifeste, par exemple, chez celui qui regarde chaque jour la diversité de son environnement de manière nouvelle. Chez l'entrepreneur étonné devant une résignation collective, elle peut induire le défi de transformer des obstacles en solutions. Chez un autre encore, la capacité à s'étonner est à l'origine de sa conviction qu'au cœur de chaque défi se cache une opportunité. L'inspiration pour des solutions originales est puisée dans la diversité. L'adversité n'est pas vécue comme une fatalité mais comme une source de résilience et d'ingéniosité. Une société d'huile italienne en difficulté financière a développé une nouvelle façon de vendre sa production en proposant d'adopter un olivier de la plantation et ainsi de recevoir chaque année la production entière de l'arbre. Cette idée lui est venue quand elle a eu connaissance du succès surprenant du programme « planter un arbre » lancé par un jeune fabricant de chaussures en toile.

Les personnes dotées de cet esprit d'étonnement se concentrent avec confiance sur la construction de l'avenir, plutôt que de s'accrocher à la sécurité du passé. La créativité se nourrit de cet état d'étonnement qui aborde les défis, même les plus grands, avec un optimisme et un regard décalé qui permettront de générer des ruptures en lâchant les solutions déjà testées avec succès dans le passé.

Faisons nôtre cette parole attribuée à Albert Einstein : « Il n'existe que deux façons de vivre votre vie. L'une comme si rien n'était un miracle. L'autre comme si tout était un miracle. »

La contribution de l'ADAPTABILITÉ à l'innovation

L'adaptabilité se manifeste à travers la capacité à se montrer flexible, dans ses réflexions comme dans ses actions, pour traiter une situation apparemment insupportable. Prenons l'exemple d'un trader sur les marchés financiers qui dégage les plus gros revenus dans la salle de marché. Il devra s'ajuster, anticiper, spéculer en permanence sur le cours de l'or et des matières premières, sur les taux d'intérêt et la prochaine décision de la banque fédérale américaine. La seule façon de tenir face aux imprévus est d'y répondre en étant réactif à la fois en pensée et dans les actes. L'adaptabilité, par la flexibilité qu'elle sollicite, permet de réagir et de prendre en compte la diversité.

La difficulté d'adaptation à de nouvelles situations traduit souvent une volonté de réutiliser à tout prix des solutions « essayées et testées », surtout celles qui « ont fait leurs preuves ». Ainsi le succès des solutions précédentes rend difficile à comprendre qu'elles pourraient ne pas s'appliquer aujourd'hui dans une nouvelle situation. L'adaptabilité demande donc aussi de savoir désapprendre pour faire émerger quelque chose de nouveau.

L'aversion au risque est perceptible dans les entreprises qui ne développent aucune approche ou aucun produit radicalement nouveau par peur que leur situation existante soit cannibalisée.

L'adaptation face à l'imprévu parle au contraire de la capacité à remettre en question l'évident, l'indéniable, le probant pour s'ouvrir au plaisir du dépassement de l'inconcevable et transformer les « pépins en pépites ».

La contribution de la NUANCIATION à l'innovation

Trop souvent les organisations opèrent dans un monde en noir et blanc qui confère le sentiment de prévisibilité des choses. Les concurrents sont « mauvais » et les partenaires sont « bien », etc. Or nous vivons dans un monde où les choses ne sont plus en noir et blanc, des concurrents d'hier peuvent devenir des partenaires de demain. La nuanciation va ainsi faciliter la coexistence de toute la diversité. Bien que toutes ces nuances puissent être déconcertantes au début, elles représentent en fait autant d'opportunités pour des innovations subtiles ou radicales. Pensez par exemple, à l'évolution remarquable des mètres de linéaires dans les rayons des produits laitiers pour répondre aux exigences de santé (bio, soja, allégé…) et de gourmandise (crèmes, flans, yaourts, mousses…). Dans un autre registre, linguistique celui-là, ne dit-on pas que les Inuits posséderaient plus de trente mots pour décrire le blanc, le blanc flocon, le blanc nuage, le blanc neige…

La nuanciation… un antidote à la simplification ! Face à la complexité grandissante nous avons tendance à simplifier nos raisonnements, nos pensées, nos décisions, voire nos relations pour les rendre plus abordables et accessibles.

Cependant si l'on écoute des grands de ce monde, des solutions simples ne sont pas pour autant simplistes : « Faire tout aussi simple que possible mais pas plus simple » (Albert Einstein) et « La simplicité est l'ultime sophistication » (Léonard de Vinci).

En d'autres termes, la nuanciation va ouvrir l'arc de la créativité puis de l'innovation en adoptant la complexité comme source d'inspiration.

La contribution du RAISONNEMENT à l'innovation

Le défi intellectuel et créatif que constitue la volonté de servir les divers besoins d'un grand nombre de personnes nourrit fortement la créativité. Pour penser toute la réalité, telle que définie dans la dynamique de l'accueil, il est nécessaire d'utiliser autant son intuition que l'expérimentation. La combinaison des deux aide à naviguer dans un environnement incertain et imprévisible. Cette compétence de raisonnement va permettre de se détacher des approches uniquement logiques, voire abstraites.

Plutôt que de se limiter à des prévisions, des prédictions, au minimum coûteuses, sinon hasardeuses, nous pouvons faire croître la confiance dans notre intuition en la testant dans le monde réel pour obtenir un retour rapide. Très souvent, nous y parvenons par tâtonnement, mais après quelques expérimentations, nous finissons par penser toute la réalité et par passer beaucoup plus rapidement de la créativité à l'innovation.

En faisant un sondage auprès des abonnés du magazine publié par la marque, la direction de Harley-Davidson a constaté, dans les années 1980, que ses lecteurs avaient plutôt le profil d'un dentiste de la côte Est que celui d'un motard frangé à l'allure de Marlon Brando. Forte de ce constat, la marque mythique a su se réinventer et toucher les « baby-boomers », une clientèle aisée, éprise de liberté, nostalgique d'un esprit rebelle tout en voulant se distinguer avec une moto personnalisée.

Dans le mode de l'innovation, les réussites et les échecs n'affectent pas la passion, ils sont autant de jalons pour évoluer en essayant d'autres modèles, d'autres solutions.

Les innovateurs évitent ainsi de faire trop confiance à la validation externe qui risquerait de retarder ou d'empêcher complètement la poursuite de leurs idées vraiment révolutionnaires.

La contribution de l'OPINION PERSONNELLE à l'innovation

L'opinion personnelle peut se décrire ainsi : l'art d'agir en fonction de ce que l'on ressent comme juste. La diversité se nourrit de la place donnée à chacun pour exercer cet art.

Ceux qui osent agir en prenant appui sur ce qu'ils perçoivent intuitivement comme juste, et ne cherchent pas à faire valider ou approuver leurs idées visionnaires par les autres, ont tendance à ignorer les critiques et ainsi faire preuve d'encore plus de créativité.

Steve Jobs a déclaré dans son discours à l'université Stanford, en 2005 ; « L'essentiel est de croire en quelque chose, votre destin, votre vie, votre karma, peu importe... Ne soyez pas prisonnier des dogmes qui obligent à vivre en obéissant à la pensée d'autrui. Ne laissez pas le brouhaha extérieur étouffer votre voix intérieure. Ayez le courage de suivre votre cœur et votre intuition. L'un et l'autre savent ce que vous voulez réellement devenir. Le reste est secondaire. »

Cette force d'opinion personnelle permet aux pionniers de soutenir leur innovation alors qu'elle n'est souvent reconnue et nommée comme telle qu'après avoir été introduite. Ils ont su utiliser leur cœur comme boussole dans un environnement dubitatif. Dans le domaine artistique, le célèbre Salon des Refusés en est une illustration : un groupe de jeunes artistes fougueux, talentueux qui se rencontrent dans les ateliers parisiens (Pissarro, Monet, Sisley, Cézanne, Renoir...) s'unissent dans la voie de l'innovation pour rompre avec l'académisme. Face au refus d'être exposé dans un Salon, ils décident alors d'ouvrir le Salon des Refusés en 1863, qui va les conforter dans leur opinion personnelle et donner naissance au mouvement impressionniste.

Il est temps de vous présenter l'épilogue du parcours d'Alex.

La *joint-venture* ne dura que trois ans puisqu'une fusion-acquisition mondiale entraîna sa dissolution. De nombreux transferts de personnel eurent lieu. Ce qui fut le plus marquant pour les équipes, c'est cette confrontation au nouveau, à l'inconnu, au complexe de l'autre et au jaillissement d'énergie qui en résulta.

> Les six premiers mois furent le théâtre de critiques, doutes, jugements ou idéalisations, projections, fantasmes sur les uns et les autres. Puis, peu à peu, les résistances individuelles et collectives ont pu se transformer. Le stress a fait place à l'abandon dans le connu, le maîtrisé et le calme ont pu émerger de l'inconnu, du nouveau, de l'imprévu car la confiance commençait à s'opérer.
>
> L'accueil des uns et des autres avec toutes leurs différences (organisation, culture, profils, histoires, expériences) s'est tissé au fur et à mesure dans cette danse subtile entre le connu et l'inconnu. Au bout de ces trois ans, les collaborateurs étaient toujours fidèles à leur passé mais ils étaient aussi heureux qu'on ne les identifie plus à leur société d'origine car ils portaient en eux quelque chose de plus important, une aventure humaine unique dans une société performante car elle a su se renouveler et innover à de multiples endroits. Dans cet accueil de la diversité, le « tout devenait plus grand que la somme des parties ».

Nous avons décrit dans ce chapitre les cinq arcs qui, selon notre expérience, permettent de développer ou de redéployer la capacité d'accueil dans les organisations. Ces arcs s'articulent autour de « la dynamique de l'accueil ». Ils s'inscrivent dans un ballet permanent entre deux polarités, le connu (non-changement) et l'inconnu (le changement). L'accueil et la dynamique qui le sous-tend sont aujourd'hui un enjeu majeur, tant individuel que collectif. Savoir accueillir va ultimement transformer l'individualité ou la singularité de chacun.

Nous avons aussi montré comment ces cinq arcs de l'accueil contribuent à la propagation des ondes de la diversité à la créativité puis à l'innovation. Grâce à cet esprit d'accueil, vous ne percevrez plus les processus structurés de la R&D, comme des contraintes, mais vous vous appuierez sur eux, sur votre confiance en vous, et la liberté qu'elle procure pour répondre rapidement aux changements inattendus de l'environnement.

Non seulement vous aurez la capacité à être dans une boîte, mais aussi à penser en même temps « en dehors de la boîte »... Et ainsi créer de nouvelles boîtes !

Nous allons maintenant attirer votre attention sur la compétence particulière attendue de vous dans cet espace de la transformation. Elle est centrée sur une vision de vos équipes dans laquelle toute la diversité sera au service de la performance.

Chapitre 9

ACCOMPAGNER LA TRANSFORMATION : QUELS STYLES MANAGÉRIAUX POUR ACCUEILLIR LA DIVERSITÉ ?

Dans le monde de la transformation, le grand enjeu qui vous attend consiste à tirer tous les bénéfices possibles de la diversité en vous sensibilisant à l'accueil. Nous sommes au cœur, ici, d'un des appuis fondamentaux de la performance, car la diversité permet la confrontation qui, en s'enrichissant des idées de chacun, ouvre sur plus de créativité.

Comme évoqué dans l'introduction de cette troisième partie, la réalité de la diversité dépasse pour nous, sa définition autour de la non-discrimination des personnes et de l'égalité de traitement. À travers ce chapitre, nous souhaitons partager notre éclairage pour cultiver et exploiter toute la richesse de la diversité au service de la performance.

Classiquement, la construction de la performance d'équipe se décrit selon un rythme de croissance linéaire similaire à celui d'un être humain : d'un état de dépendance, puis de contre-dépendance, l'équipe irait vers la maturité et l'autonomie. Cette approche fait l'hypothèse que les membres de l'équipe sont tous au même niveau de performance avec un rythme de développement synchrone et, de surcroît, que l'équipe est stabilisée.

Notre expérience en entreprise nous a confrontés aux limites de cette approche. Nous avons cherché à les contourner en pensant autrement l'évolution des comportements. Se centrer uniquement sur le potentiel d'évolution de la maturité de l'équipe pourrait la projeter dans un futur idéal. Au-delà de cet angle de vue, nous posons notre regard sur la diversité des comportements de l'équipe dans un environnement donné, ce qui la fait vivre dans un « ici et maintenant » pragmatique et concret.

Les équipes sont en effet composées d'adultes qui réagissent de manière différente et se positionnent selon leur degré de maturité émotionnelle et relationnelle, de manière singulière en lien avec les enjeux à relever et avec le collectif.

Le mot « diversité » est donc entendu dans sa forme étymologique : variété et divergence.

Votre défi, comme celui de vos équipes, est de construire une variété d'interactions dynamiques ajustées pour que la diversité devienne une source de performance et non une source de friction.

Pour vous accompagner dans ce défi, nous vous proposons une nouvelle boussole décrivant une palette de styles managériaux. Les équipes composées de profils d'une grande diversité, complémentaires, voire opposés, demandent au dirigeant ou au manager de savoir varier ses modes d'interactions pour mieux répondre à la complexité des enjeux auxquelles elles sont confrontées.

C'est la boussole du *Nous*. Ou plutôt, devrions-nous dire « *des Nous* » car il n'existe pas un « nous », une manière d'être ensemble, meilleure qu'une autre.

Dans cette troisième dimension de la performance humaine et soutenable, nous avons identifié six systèmes de « nous » qui représentent chacun une façon particulière d'être engagé dans la diversité. Chacune peut être performante ou contre-performante.

En tant que manager, le défi dont nous vous parlons consiste à choisir le type d'interaction à insuffler en tenant compte de votre intention, des attentes de l'équipe et des spécificités de la situation. Ce triptyque « vous/l'équipe/le contexte » est central. Il est aussi délicat à gérer car il peut receler des contradictions et des intérêts divergents. C'est pourquoi, chaque système de « nous » doit être entendu comme un sous-ensemble dans lequel on entre un temps donné et duquel il faut savoir s'extraire au bénéfice d'un autre quand le moment est venu. Ce sont ces systèmes et les compétences liées aux différentes formes d'interactions que nous vous présentons dans ce chapitre.

Nous empruntons la représentation des systèmes de la boussole du *Nous* au langage géométrique que les élèves apprennent en primaire : les diagrammes des ensembles et sous-ensembles de Venn, bien connus aussi comme les fameuses « patates » de notre jeunesse, que nous appelons « système » ici.

Nous définissons un système comme étant :

- une façon singulière de considérer la diversité adaptée à une situation ayant des enjeux particuliers ;
- un style de management caractéristique et ses compétences associées.

La figure 9.1 illustre les six systèmes auxquels nous avons donné un nom de code pour faciliter leur identification[1]. Nous vous dévoilerons plus tard ce qui figure au centre de la boussole.

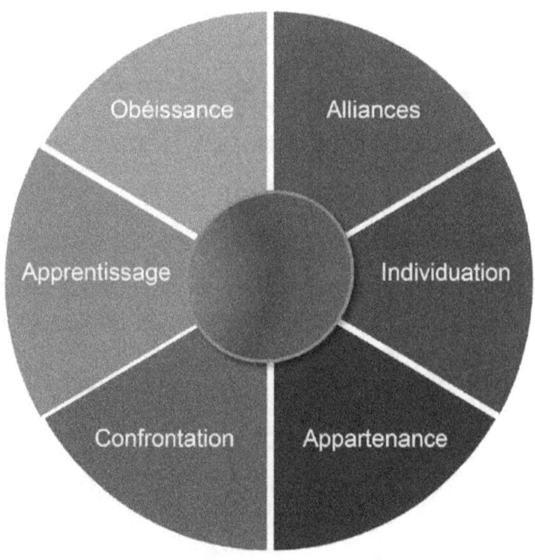

Figure 9.1

Chaque système que nous allons maintenant décliner fait appel à un style de management spécifique de la diversité, une forme d'interaction entre le manager et les personnes de son équipe.

---

[1] Nous utilisons des guillemets pour nommer ces systèmes, une façon pour le lecteur de conserver de la distance par rapport au nom de code, selon la représentation qu'il y met.

Le « Nous de l'obéissance »

Nous aurions pu l'appeler aussi « Nous de la fusion » : c'est le système de la soumission, du « tous pareils », une forme de fascination que les parties du système ont l'une pour l'autre. De part et d'autre, il y a un alignement sur tout, un accord parfait entre ces deux parties (manager–collaborateurs).

> **➤ La performance viendra de la capacité à ignorer les différences pour un temps, afin de se centrer sur la rapidité d'exécution des instructions données.**

Pour comprendre ce « nous », pensez à l'évacuation d'un avion : il faut de l'ordre et de la méthode car il y a urgence. L'heure est à l'obéissance absolue, au respect des consignes. Les différences, pendant ce moment précis, sont ignorées pour s'en tenir à la méthode qui, en l'occurrence, prime sur les individualités. Bien entendu, ce « Nous de l'obéissance » n'est pas un vivre ensemble à tenir dans la durée. Mais quand le contexte l'impose, il doit pouvoir s'exercer sans conteste et sans contestation.

Pour quoi ce système est–il pertinent ?
Quels sont les bénéfices attendus par le management ?

Quand le manager ou l'entreprise se vit en risque économique ou identitaire et passe en mode de survie avec ses collaborateurs, alors éviter, voire étouffer la diversité permet d'aller plus vite, d'aligner chacun de façon efficiente.

Le stade de la fusion permet de se vivre au sein d'un « corps », d'une matrice. Il procure le plaisir d'être contenu, soutenu, le plaisir de la réalisation, et éventuellement de la reconnaissance. Le « nous sommes UN ».

Quelles compétences managériales ? et quels écueils ?

> L'aptitude à mettre en place un style de management coercitif qui exige une obéissance immédiate de la part de vos collaborateurs. Elle est utile dans des situations extrêmement critiques, de retournement, de lancement... Vous ne laissez pas le choix, vos collaborateurs ont à vous suivre.

> La capacité démontrée à rassurer, car si nous nous plaçons du point de vue de vos collaborateurs, ils se fondent dans une autorité sécurisante, satisfaits d'être pris en charge.

Mathilde travaille pour une entreprise de téléphonie. Le concurrent vient de lancer une campagne agressive à la télévision pour un nouveau forfait téléphone et Internet. Il faut réagir très vite pour éviter le transfert de clients. Mathilde réunit son équipe et annonce que désormais le nombre de clients à contacter par jour pour proposer une offre similaire sera augmenté de 30 % pendant trois semaines. Elle expose la situation, exige l'engagement de chacun pour relever le défi et ainsi rester l'opérateur clé. Il n'y aura pas d'ajustement horaire ni de congés pendant cette période. Il n'y aura pas d'exception. Mais si l'objectif est atteint, une prime de performance sera versée à l'équipe.

Toutefois, comme la non-différenciation empêche la critique puis la créativité, le style coercitif risque de céder la place au despotisme et rapidement devenir répressif… Or, il est difficile d'adhérer spontanément à un management répressif. Rassurer, mettre en sécurité prime sur transmettre de l'enthousiasme.

Aussi va-t-il être important de savoir identifier et discerner deux types d'écueils.

> Une insatisfaction de fond qui s'installe. Les collaborateurs perçoivent l'organisation comme n'en faisant jamais assez et/ou se considèrent eux comme étant à l'origine de la réussite. Ils ne voient plus ce qu'apporte le manager, imaginent pouvoir faire seuls trop rapidement.

La campagne est une réussite totale. Les collaborateurs de Mathilde souhaitent poursuivre mais ils demandent une prime supplémentaire pour continuer et commencent à réagir face à l'intensité du travail. Ils estiment qu'ils ont « sauvé » l'entreprise par leurs actions. Ils commencent à critiquer l'autre équipe basée en province pour ses résultats plus mitigés.

> Une sensibilité qui dérive vers l'omnipotence, quand le manager commence à se sentir responsable de tout ce qui arrive à ses collaborateurs.

Mathilde est préoccupée car deux collaborateurs ne sont pas venus ce matin. Ils disent être sous pression et ne plus pouvoir suivre. Ils ne lui ont jamais fait part de leur état auparavant. Mathilde commence à culpabiliser, c'est un signal faible qu'elle prend au sérieux pour réviser le plan de charge.

Si vous avez ces compétences, vous allez manager avec toute la diversité de l'équipe, même si, paradoxalement, dans ce système du « Nous de l'obéissance », vous aurez su, pour un temps limité, mettre en arrière-plan la diversité.

Associé à un engagement maximal sur la durée déterminée, avec une fin annoncée, ce style managérial permet alors à chacun l'expérience de la confiance inconditionnelle, de la solidarité, de l'efficacité et d'un attachement sain.

Comment préserver les avantages de ce système et en sortir dès que nécessaire ?

Sortir de la fusion est une entreprise à la fois considérable et indispensable, car c'est accepter de s'éloigner d'une certaine forme de confort. Vous aurez à renoncer à une structure nourrissante car elle pourrait devenir étouffante.

Les compétences managériales incontournables pour sortir de ce système

Faire prendre conscience à vos collaborateurs :

> qu'une partie d'eux à laquelle ils ont renoncé pour se conformer est anesthésiée ; ils rivalisent parfois durement entre eux pour se faire remarquer et peuvent aussi subir du mépris s'ils ne suivent pas les règles du groupe ;

> qu'il ne s'agit pas que d'un état de grâce ou d'un doux sentiment d'unité... et, en même temps, ne pas en sortir reviendrait à s'oublier soi-même, oublier sa différence, oublier de la respecter.

Le « Nous de l'apprentissage »

C'est le « Nous » de la différence harmonisée, partagée. Autrement dit, les membres de l'équipe savent qu'ils forment une équipe, mais ils sont aussi conscients qu'ils sont différents et qu'ils peuvent s'enrichir de ces différences pour apprendre les uns des autres.

> **La performance viendra de la capacité de chacun à apprendre et à intégrer une compétence reconnue à une autre personne de l'équipe.**

Ce système est celui du cadre, des règles et processus. Prenons comme symbole l'ordre maintenu par un professeur dans sa classe alors qu'un élève réalise un exposé. Chacun va apprendre de celui qui détient l'expérience ou le savoir. En cherchant les différences, les richesses de la diversité, nous pouvons ensuite les harmoniser « par le haut ». Plus la diversité est importante, plus les opportunités d'apprendre ou de transmettre sont nombreuses.

Pour quoi ce système est-il pertinent ? Quels sont les bénéfices attendus par le management ?

Ce type de relation interpersonnelle est utile quand l'ensemble des actions doivent être menées à partir d'une expertise reconnue et non remise en question.

Les bénéfices sont nombreux.

> La reconnaissance des différences conduit à l'émergence des « sachants ».

> L'expérience du management par la transmission qui pose les cadres et les principes favorise le développement et l'apprentissage. « On n'apprend pas dans le chahut. » L'expérience vertueuse de la discipline respectée permet à chacun de rentrer dans sa vulnérabilité, de baisser ses gardes et de s'ouvrir à un nouveau savoir. Grâce au cadre mis en place, la perception de menace face au nouveau disparaît et les résistances fléchissent. Le parallèle entre le « Nous de l'apprentissage » et l'école primaire est parlant. À cette phase de sa croissance, l'enfant (nous pourrions dire le novice, si nous pensons à des adultes, ou les jeunes initiés si l'on songe à des rites de passage présents dans différentes cultures) doit accepter de se taire, d'écouter, de mettre de côté ses questions, voire sa contestation pour apprendre. Le cadre est là pour que le maître puisse transmettre son savoir et que l'élève puisse, sans honte, admettre de ne pas tout comprendre du premier coup. Imaginez la théorie d'Einstein : *Si vous voulez apprendre la relativité, il va vous falloir d'abord écouter jusqu'au bout puis assimiler.*

> La professionnalisation en interne s'installe par l'apprentissage, le compagnonnage, le mentoring, l'écoute.

> La posture basse de l'apprenant et la posture haute du « sachant » sont reconnues. Dans ce système chacun reconnaît que l'autre sait, qu'il peut transmettre un talent spécifique, un savoir-faire à l'équipe. Et, par ailleurs, chacun se sent reconnu pour prendre à son tour cette place de « sachant ». L'équipe sera alors friande des apports dont ses membres pourront lui faire profiter.

Diego est responsable d'un centre hôtelier de soixante-dix personnes comprenant un spa et une salle de sport. Le centre perd de la clientèle depuis trois ans. Il décide d'organiser un séminaire avec son équipe rapprochée. Il pose les principes de fonctionnement qui permettront à chacun de travailler avec ses équipes et de revenir avec des propositions pour arrêter l'hémorragie. L'un des principes : chacun est expert dans son domaine (nettoyage, cuisine, spa...). Chaque unité revient avec des initiatives sans contrainte de budget ni de délai dans une première étape et les expose au groupe. Diego présentera sa propre expertise dans le « sauvetage » de centres en Espagne.

Quelles compétences managériales et quels écueils ?

Ici, vous allez vous appuyer sur un cadre, celui du manager qui sait et qui s'attend à ce que ses équipes apprennent à partir du modèle qu'il propose. C'est un style de management par l'expertise. Vous mettez également en place la structure, ou les principes de vie du collectif, pour que chaque sachant puisse transmettre aux autres. Grâce à une structure claire et établie, chacun peut transmettre aux autres un savoir-faire et des pratiques.

Cela nécessite à la fois de montrer l'exemple dans :

> la capacité à vous poser en tant que « sachant ». Ainsi vous faites comprendre sur quoi se fonde votre légitimité et vous permettez à chacun d'en faire de même pour son propre domaine d'expertise ;

> la capacité à définir et à faire respecter un cadre et des règles. Cela suppose que vous ne cédiez pas à la tentation d'affirmer votre supériorité hiérarchique par un comportement de guerrier qui veut contrôler son équipe. Ainsi cadres et règles seront perçus comme protecteurs et non dominants.

Cependant, un management uniquement fondé sur l'expertise peut présenter les écueils suivants.

> Le manque de solidarité au sein de l'équipe, chacun, plutôt que de voir sa différence et oser se mettre en avant pour la transmettre, cherche à ressembler à l'autre. Il se laisse prendre en charge, reste trop longtemps élève. Les collaborateurs délaissent leur singularité. « L'autre sait pour moi, inutile que j'en rajoute. » Le manager finit par diriger seul.

> La tentation d'utiliser ce système pour que chacun soit au même niveau et ne pas voir une tête qui dépasse. Les différences sont gommées par peur de la dissymétrie.

> La dissimulation d'une autorité manipulatrice. Ce style de management peut conduire à l'autoritarisme ainsi qu'à la négation de l'autre jusqu'à son assujettissement, en privilégiant une expertise à une autre. « Ici on fait de la technique, pas de la psychologie du dimanche... »

Diego se positionne en expert et impose sa manière de réorganiser et de rénover le centre. Il a sollicité des avis, des propositions en valorisant l'expertise de chacun, mais, au final, il ne retient rien, estimant que lui sait plus que l'équipe.

Comment préserver les avantages de ce système et en sortir dès que nécessaire ?

Si vous avez ces compétences, vous allez manager le développement de vos équipes car vous saurez y repérer les différents talents ainsi que les bénéfices à favoriser la transmission de ces qualités et autres aptitudes.

Les compétences managériales incontournables pour sortir de ce système

> Sentir le risque de se couper du monde et de ne plus se nourrir de la diversité ailleurs que dans l'équipe.

> Imaginer que des compétences complémentaires existent à l'extérieur.

> Aider chacun à prendre conscience de la façon dont il prend soin de sa vulnérabilité en s'exposant au sein de l'équipe, pour oser s'exposer davantage à l'extérieur ou dans d'autres contextes.

Le « Nous de la confrontation »

Nous pourrions l'appeler également le « Nous de la critique » car c'est le « nous » de la différence par apposition. Dans ce système, chacun reprend son espace propre. Ce peut être pour certains un moment de désenchantement ou de confrontation et pour d'autres un moment de vie retrouvée. C'est un système où tous les points de vue, toutes les réalités ont leur place. Nous sommes dans un type d'intelligence collective au service du collectif.

➤ La performance viendra de la capacité à la confrontation, sans jugement, permettant à chacun de construire sur les idées des autres.

Pour quoi ce système est-il pertinent ?
Quels sont les bénéfices attendus par le management ?

La diversité que favorise ce « nous » permet d'ouvrir les yeux, d'aider à anticiper les difficultés et d'apporter de nouvelles idées car, d'une certaine façon, tout est là si on sait l'entendre, le voir.

En apparence, ce « nous de la confrontation » peut paraître conflictuel, car il donne l'impression que les parties cherchent plus à se convaincre coûte que coûte, voire à se rebeller contre un système, contre une autorité, qu'à s'écouter et coconstruire. Dans cette phase, il y a souvent une demande explicite et une demande implicite. Ce système permet de sortir des enjeux liés aux attentes en invitant chacun à partager ses opinions, ses valeurs, ses besoins… et non ses jugements, ses exigences et ses plaintes.

Grâce à ce type de management, « confrontant », vous pourrez obtenir les bénéfices suivants.

> Sortir d'une pensée dualiste et du risque d'exclusion pour favoriser une réflexion avec des polarités. « Je cherche à privilégier un pôle au détriment d'un autre ou bien je cherche à faire coexister les deux pôles et même envisager la voie du milieu ? » Ces deux pôles pourront être vécus dans l'apposition et non l'opposition.

> Soulever la question de la pertinence de ce qui doit être partagé : « Ma différence est-elle contributrice au système ? Suis-je trop centré sur moi ? »

> Profiter de la contribution de chacun, à la fois dans le court terme, et dans les perspectives à moyen et long terme en veillant à être présent à votre intention, et à celle de votre interlocuteur, au moment de l'expression d'un point de vue différencié.

Quelles compétences managériales et quels écueils ?

Pour accueillir la variété des besoins représentant le terreau fécond de la diversité des équipes, vous pourrez vous appuyer sur les compétences suivantes :

> aller à l'essentiel, apporter votre contribution sélective au service du collectif ;

> être capable d'oser partager vos convictions et attendre les réactions, plutôt que de construire à partir du collectif ;

> accepter d'expérimenter l'inconfort de la déstabilisation par la contestation de vos collaborateurs ; si vous ne savez réagir que par l'opposition ou la défensive, vous risquez de vous enfermer dans un rapport de force ;

> goûter la satisfaction de décider une fois que vous avez entendu tout le monde.

Akli est responsable d'une ligne de shampoings et d'après-shampoings. Il a une équipe de cinq *category managers*. La dernière négociation avec les distributeurs et la nouvelle réglementation sur le parabène nécessitent de réagir et d'opérer un retrait rapide de la gamme. Il organise une réunion de crise où chacun va exposer sa stratégie et les convictions sur lesquelles s'appuie son projet. Akli facilite la confrontation des idées en posant les bases. Chaque *category managers* expose en cinq minutes ses propositions sans être interrompu. Les autres questionnent et réagissent pendant dix minutes sur chacun des projets. L'objectif n'est pas le consensus. Il est convenu qu'Akli prendra une décision à la fin.

Plusieurs écueils vont mériter votre vigilance.

> Rentrer dans des jeux de pouvoir : faire pression, envoyer un double message, manipuler la réalité, répéter les mêmes scénarios bloquants, créer des complicités cachées (Pierre promet à Jacques de ne pas mettre en avant son projet mais lui demande de ne pas faire de critique).

Akli souhaite lancer une gamme expérimentale. Il a déjà réfléchi au nom de la gamme et il veut que son idée soit retenue. Il a préparé un argumentaire qui va contrecarrer tous les autres projets. Il sait qu'au final il « gagnera » la partie et il aura même peut-être fait en sorte que son équipe le choisisse en ne communiquant qu'une partie des données.

> Confronter de manière systématique, créant ainsi un risque de culpabilisation ou de dévalorisation de l'autre. Chacun s'isolerait alors dans la peur de l'autre, chacun se percevrait comme la victime de l'autre. Ces comportements entraînent inévitablement l'exclusion et le rejet de la diversité.

Akli est en désaccord avec Aline sur sa proposition. D'ailleurs, il estime que souvent ses idées sont trop décalées. Il rejette quasiment systématiquement son point de vue. Aline se sent différente et incomprise. Elle veut changer d'équipe.

> Procrastiner face à une décision à prendre, en posant des questions de façon systématique comme une façon de chercher à se rassurer avec toujours plus d'informations pour éviter de perdre le contrôle.

Akli ne cesse de demander plus d'explications et plus de détails à David et Maïwen qui se sentent finalement démunis d'arguments rationnels et se démobilisent.

> Risquer la dilution dans ce qui est important ou urgent à traiter. Trop d'information tue l'information.

Après avoir écouté tous les points de vue sur plusieurs réunions, Akli se sent envahi par le trop d'informations et ne parvient plus à faire le tri et à prendre une décision rapidement. Il est relancé par son directeur qui est inquiet pour le planning.

Comment préserver les avantages de ce système et en sortir dès que nécessaire ?

Sortir de ce système revient à renoncer à la diversité comme seule source de richesse, de « terreau fertile » pour oser trancher, prendre une décision et parfois affronter ses peurs ou la puissance de l'autre. La confrontation peut être confortable car elle ne nécessite pas de décisions.

Il y a de l'intensité dans la confrontation, qu'elle soit dans le plaisir de la joute, l'énergie du débat qui accompagne les échanges, les discussions, les négociations. Or le passage à l'action demande une décision. L'intensité peut alors se transformer en puissance au service de la mutation, de la transmutation, dans l'engagement de l'équipe sur un projet porteur de sens.

En écrivant ces lignes, nous revient à l'esprit cette pièce de Nathalie Sarraute intitulée *Pour un oui ou pour un non* dans laquelle deux amis se fâchent à la suite d'un malentendu. Le premier lâche une remarque : « C'est bien ça », à laquelle le second prête toutes sortes de sous-entendus de nature à malmener leur amitié, ce qui pousse le premier à s'enferrer dans une foultitude de justifications pour tenter de s'en sortir.

Les compétences managériales incontournables pour sortir de ce système

> Renoncer au doux confort de l'enrichissement inhérent à la qualité des échanges

> Oser mettre un terme à une intensité négative et à une addiction à la maltraitance quand les esprits rebelles restent campés dans la non-construction, voire dans la tentation à la victimisation.

> Être au clair avec les notions de « pouvoir pour » – collaboratif et constructif – et de « pouvoir sur » – dominant et limitant.

> Développer la confiance dans votre puissance autant que dans celle de l'autre.

Si vous avez ces compétences, vous savez « tenir » la richesse de toute la diversité de votre équipe. En dépassant la croyance « j'irai plus vite tout seul », vous endiguez l'illusion de la toute-puissance, allant à l'encontre de la performance créative collective.

Le « Nous de l'appartenance »

C'est le « nous » où l'on se rassemble autour de la ressemblance, le « Nous de la reliance » à une cause. Comme une multitude de tiges dans un vase, ce système relie les différences par des valeurs ou une cause commune. Au fond de toutes les diversités existe un noyau commun qui rassemble.

> **La performance viendra de la place claire que chacun a dans une structure qui porte une ambition commune à tous.**

Focus

La reliance[1]

La reliance est un concept développé par les sociologues Roger Clausse dans son ouvrage *Les Nouvelles* (1963) et Maurice Lambilliotte dans son ouvrage *L'Homme relié : l'aventure de la conscience* (1968). Pour Roger Clausse, la reliance naît d'un besoin psychosocial d'information en réponse à l'isolement. Reliance et besoin d'appartenance sociale ont donc partie liée. Les relations interpersonnelles sont enrichies par une finalité, un sens.

Pour Maurice Lambilliotte, la reliance est « l'état de se sentir relié... un mode intérieur d'être... Elle permet à tout individu de dépasser, en conscience, sa solitude ».

Michel Maffesoli, sociologue de la post-modernité, a également contribué à promouvoir cette notion de reliance. Elle est à la croisée

---

[1] *Source :* revue *Société*, février 2003, n° 80 : « Reliance, deliance et liance : émergences de trois notions sociologiques ».

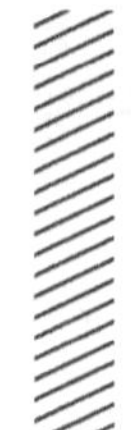

de la psychologie, de la sociologie et de la philosophie mais n'apparaît pas dans les dictionnaires classiques. Terminons cet encadré par la définition de « relier » que propose Marcel Bolle De Bal de l'Université libre de Bruxelles : « Créer ou recréer des liens, établir ou rétablir une liaison entre une personne et soit un système dont elle fait partie, soit l'un de ses sous-systèmes. »

Dans ce système, il s'agit de voir toute la diversité et, en même temps, de prendre conscience qu'il existe aussi un dénominateur commun, que la différence n'empêche pas l'appartenance à un tout plus grand. Ce plus petit dénominateur commun peut rassembler un collectif d'apparence très varié. Prenons l'exemple des associations professionnelles, des clubs sociaux, des associations sportives ou même des partis politiques. Tous les membres de ces organisations sont différents, mais tous partagent des valeurs communes autour desquelles ils articulent leur singularité. Cette articulation entre le groupe et l'individu est source de diversité, et devient efficace et performante dès lors qu'elle s'inscrit dans un cadre très structuré.

Ce système correspond à l'intuition que l'individu est à la fois un et peut appartenir ou se retrouver dans de nombreux multiples. Il souligne l'importance de se reconnaître singulièrement tout en affirmant une reliance commune. Une équipe de quatre membres pourrait être symbolisée par l'image d'une pyramide avec quatre faces différentes et un sommet qui les rassemble et les relie.

Pour quoi ce système est-il pertinent ?
Quels sont les bénéfices attendus par le management ?

Ce style de management affiliatif prend tout son sens quand il s'agit de rassembler, créer un sens commun, redonner un cap, mettre en marche, organiser.

Les bénéfices que vous pouvez tirer de ce type de management sont les suivants.

> Augmenter l'enthousiasme de vos collaborateurs, car contribuer à une cause commune génère plus d'enthousiasme qu'une simple compréhension intellectuelle de ce qui est bon pour soi. En dépassant les limites de l'intellect, le manager parle au cœur, à la partie sensible de chacun. Il crée ainsi une ouverture humaniste sur plus grand que soi qui invite au dépassement.

> Faire prendre conscience à vos équipes qu'avoir des intérêts ou idéaux divergents n'empêche pas de se rejoindre. Un but ou un idéal commun suffit pour la performance de ce système-là.

Emma dirige une équipe multiculturelle et internationale de créateurs de jeux vidéo qui se réunit régulièrement en vidéoconférence. Elle profite du lancement d'une campagne média internationale pour réunir l'équipe à San Francisco. Cette équipe est constituée de six nationalités avec une disparité générationnelle. Emma propose d'orienter le séminaire sur le thème : « De quoi serai-je fier(e) personnellement et collectivement dans les dix ans à venir ? » L'équipe se rallie autour de cette vision technologique aux valeurs humanistes : « réalité augmentée pour des relations de qualité ».

Quelles compétences managériales et quels écueils ?

> Identifier et mettre en avant les valeurs communes de votre équipe, jusque-là encore implicites. Considérer ce qui réunit, plus que ce qui divise.

> Prendre conscience qu'un point commun suffit pour rassembler votre équipe et qu'il n'est pas nécessaire que le « tout » soit commun.

> Organiser, structurer, donner une place à chacun pour qu'il puisse contribuer à partir de sa place, avec sa différence.

> Mettre en place et en marche une organisation.

> Imaginer, projeter un futur galvanisant et le communiquer.

Cependant, comme pour chaque type de « nous », il y a des écueils.

Ici, c'est celui de la rigidité pour contenir la diversité. Elle peut se matérialiser sous deux traits, celui du fanatisme et celui de l'excès d'organisation et de processus au risque de déshumanisation.

Vous devrez veiller régulièrement à deux points en particulier.

> Chacun de vos collaborateurs a un temps pour prendre conscience de ce qu'il apporte dans l'équipe. Cela évite deux risques : celui de l'aveuglement et celui de courir après un idéal intellectuel ou projeté, loin de la voie du cœur et de la vie d'équipe.

> Les valeurs qui ont rassemblé n'excluent pas les nouveaux arrivants en refermant le collectif sur lui-même. Cela évite le risque de se conduire comme des « petits soldats » ou des suiveurs.

Emma est inspirée et très mobilisée par cette vision et l'énergie de l'équipe. Ils vont révolutionner le monde du virtuel ! Emma réorganise l'équipe, donne des objectifs ambitieux avec un plan très rigoureux pour lancer un jeu révolutionnaire dans neuf mois, à l'occasion du plus grand Salon à Singapour.

Au début, l'équipe est enthousiaste mais au fur et à mesure les relations se tendent, notamment avec les nouvelles ressources qui arrivent en cours de projet pour assurer les exigences de production. Leur créativité et leur autonomie sont vécues comme une menace de retard et de désordre.

Comment préserver les avantages de ce système et en sortir dès que nécessaire ?

Ce système développe une capacité d'appartenance saine. Il permet de trouver une dimension fédératrice au-delà de la compréhension intellectuelle (la valeur de service au client par exemple, l'engagement écoresponsable avec ses fournisseurs, la fierté de représenter sa marque par un comportement exemplaire…). Cette puissance d'un collectif en « marche » fait qu'en sortir n'est pas facile. Pourtant, vous le savez, les membres de l'équipe peuvent en arriver à perdre de vue l'objectif porteur de sens et c'est l'exécution de la tâche qui devient la priorité en lieu et place de l'objectif visé.

Les compétences managériales incontournables pour sortir de ce système

> Capacité à déranger l'ordre établi. Par exemple en encourageant chacun à questionner ce qui le motive. Cela ouvre sur les différentes facettes d'un « pour quoi » individuel engageant.

> Capacité à écouter votre petite voix intérieure qui va apporter du discernement dans vos engagements et vos actions. Par exemple, en requestionnant régulièrement votre organisation alors que rien ne le justifie, ou en acceptant de remettre en question votre vision pour vous assurer qu'elle est toujours la plus pertinente.

> Capacité à écouter vos besoins qui peuvent changer et vous ouvrir à d'autres espaces. Tel ce directeur commercial export qui souhaite retrouver une passion de jeunesse dans la recherche fondamentale. Et cet autre qui pense à rééquilibrer son emploi du temps en quittant une association pour s'engager dans une formation.

> Capacité à descendre de votre piédestal où vous installent vos collaborateurs pour laisser de la place à votre cheminement personnel. Tel ce manager qui décide de promouvoir un projet d'*open space* alors qu'il était contre au début. Il devra faire face à une équipe qu'il sait par avance résistante à cet environnement de travail.

Le « Nous de l'individuation »

C'est le « nous de la différence assumée ». Je suis, tu es... Personne ne touche à ma liberté et je ne suis responsable que de moi-même. À noter si vous êtes familier des travaux du psychiatre et psychanalyste Carl Gustav Jung, dont cette notion d'individuation est un concept clé, que nous prenons ici quelques libertés. Pour lui, l'individuation correspond à un processus par lequel chaque personne prend conscience de son individualité. Ici, nous entendons l'individuation comme l'affirmation de chacun pour lui permettre de trouver et de vivre toute sa place avec ses collègues. Ce système vise à protéger la diversité sans chercher à l'intégrer dans un ensemble plus vaste.

Chacun mérite une place où il peut s'épanouir, une place qui prend en compte toute sa singularité. Chaque personne est vue en entier.

➤ **La performance viendra de la capacité à s'assurer que tout le potentiel de chacune des parties puisse se révéler.**

Pour quoi ce système est-il pertinent ?
Quels sont les bénéfices attendus par le management ?

Ce style de management pousse à l'excellence qui veut montrer que chacun peut y arriver. Il nécessite que la vision et le sens soient clairs et partagés.

Ce management de la divergence, ou de la différenciation, est efficace quand chacun est motivé et compétent, car chaque collaborateur a la possibilité de créer son poste à sa mesure.

Il est, par exemple, particulièrement utile en cas d'acquisition par une entité d'une entité beaucoup plus petite. Ce système permet de s'assurer que la différence qui a justifié l'acquisition ne soit pas effacée par les rouages ou les habitudes : un « gros » de l'industrie alimentaire acquiert un petit laboratoire bio aux recettes d'antan ; un grand cabinet de conseil anglo-saxon absorbe une start-up de pointe dans le développement durable.

Vous pouvez tirer plusieurs bénéfices de ce système de différenciation.

> Vivre une relation qui ne comporte pas le risque de l'ingérence sur l'autre. Un espace où toutes les diversités peuvent s'épanouir.

> Découvrir que certains de nos besoins peuvent entrer en conflit avec l'idée que nous nous faisons de nous-mêmes, c'est-à-dire voir une zone d'ombre de soi que l'on évitait. C'est le fondement d'une relation saine à soi-même et aux autres. Par exemple, vous pourrez aider un de vos collaborateurs, qui, se percevant comme très autonome, souhaite fonctionner en solo, à découvrir combien sa créativité peut être favorisée par les idées et la présence des autres.

Pour des enjeux économiques et de synergie, deux entreprises dans l'univers du textile fusionnent. Le nouveau dirigeant mandate Élisa et Mike, les deux stylistes, pour construire ce rapprochement. Ils organisent la rencontre de leurs équipes. Ils ont travaillé en amont sur cette rencontre importante car les deux entreprises étaient concurrentes auparavant. Élisa et Mike ont passé du temps ensemble, dépassé leurs propres croyances pour préparer l'introduction de cette rencontre sous le thème de « l'étonnement et de la curiosité ». L'objectif est l'accueil des différences pour s'enrichir avant de poser les bases de la nouvelle vision de l'entreprise fusionnée.

Quelles compétences managériales et quels écueils ?

> Capacité à dépasser vos jugements et écouter pour découvrir l'inconnu.

> Capacité à démontrer de la bienveillance pour l'autre sur lequel vous n'avez pas fondamentalement de droits.

> Capacité à accepter votre propre vulnérabilité et parfois la montrer ou vous exposer avec courage. Être authentique, c'est aussi accepter la vulnérabilité des autres avec un grand respect pour ce qui est ainsi offert de partage d'humanité.

Et, comme toujours, chaque médaille ayant son revers, voici deux écueils auxquels rester sensible s'agissant de la différenciation.

> L'individualisme prend le pas sur l'individuation et devient une valeur à part entière. Le risque est alors de perdre l'esprit d'équipe et de générer des silos. S'ils peuvent avoir à première vue une grande valeur ajoutée, ils sont aussi un obstacle à une transversalité riche et source de créativité.

Élisa et Mike travaillent depuis plusieurs mois sur le lancement d'une nouvelle gamme de vêtements, c'est l'occasion de fédérer l'équipe. Mais après avoir valorisé chaque équipe, chacun maintenant reste sur son pré carré. Chaque équipe a développé un savoir-faire unique. Les deux stylistes sont reconnus dans leur travail mais ne parviennent pas à cocréer la gamme. Le risque est de refaire de même pour les deux équipes alors que le marché se tend et qu'il est nécessaire de se réinventer.

> Le credo « tu es toi » et « je suis moi » tue dans l'œuf toute source de développement personnel inspirée par la collaboration avec les autres. Certes, personne ne supporte plus de se voir raccourci et rétréci au nom du « nous », mais l'égotisme nuit à la performance.

Les deux stylistes ne sont pas de la même génération et appartiennent à des écoles de stylisme différentes. Ce qui apparaissait comme une opportunité d'enrichissement tourne au cauchemar. Le dirigeant de la nouvelle entité s'inquiète car le manque d'ouverture et la compétition obligent les équipes à choisir. Les projets sont ralentis par ces luttes internes. Le dirigeant qui pensait garder une direction bicéphale imagine maintenant changer l'organisation.

Comment préserver les avantages de ce système et en sortir dès que nécessaire ?

Sortir de ce système demande d'œuvrer contre la tendance naturelle de travailler en silos, un fond d'égotisme où, paradoxalement, on se sent dans une grande liberté.

Toutefois, deux prises de conscience peuvent vous faciliter la tâche :

> la transversalité ne repose plus que sur les initiatives que vous proposez ;

> le but est l'accomplissement d'une œuvre en commun.

Saint-Exupéry a donné un élément de réponse resté célèbre : « Non pas se regarder l'un l'autre, mais regarder ensemble dans la même direction. »

Les compétences managériales incontournables pour sortir de ce système

> Capacité à faire comprendre à votre équipe que, bien sûr, si chacun a besoin d'approfondir sa singularité, il doit aussi s'ouvrir pour donner et recevoir. Dit autrement : accepter que son armure craque.

189

> Capacité à reconnaître que l'autre doit vous déranger. Sans cela, vous risquez de ne plus pouvoir progresser vous-même. L'autre ne sait pas souvent ce qu'il éveille, ce qu'il permet de résonance et de rêve.

Le « Nous d'alliances »

C'est le « nous de la démultiplication », de la différence intégrée et solidaire. Dans ce système, le collectif trouve ce qu'aucun de ses membres n'aurait pu trouver seul car il permet un type particulier de créativité et d'innovation. Face à une difficulté, alors qu'aucun des membres de votre équipe n'a de solution, ce système va trouver une solution. C'est ce fameux adage du 1 + 1 = 3 qui ouvre sur la possibilité de construire au-delà de la somme des intelligences ou des espérances et de façon durable.

➤ La performance viendra de la capacité à encourager la coopération, à favoriser l'agilité dynamique de sous-groupes permettant une grande réactivité, par la création et l'innovation.

Pour quoi ce système est-il pertinent ?
Quels sont les bénéfices attendus par le management ?

Ce système est tout particulièrement pertinent quand vous cherchez une performance collective alors qu'avec la diversité existante chacun n'a pas nécessairement la même passion, la même activité, le même but ; il est aussi pertinent quand vous souhaitez que chacun s'intéresse à ce que fait l'autre, soutienne l'autre et s'enrichisse de ce qu'il est et fait.

Ce système correspond aux organisations matricielles, en « clusters », où l'ensemble du collectif est pris en compte à partir de critères apportant différents points de vue. Il permet donc d'avancer de manière plus agile. L'intelligence collective est à portée de main, les groupes de co-développement reposent sur de tels systèmes.

André est le patron d'un nouveau comité de production dans un centre de recherche. Sa vision est claire : innovation et pragmatisme. Il fait travailler son équipe sur les axes stratégiques qui se dégagent. Chacun se positionne sur un des axes en fonction de son appétence et son expérience. Des binômes se constituent. Inutile d'être tous ensemble sur tous les projets. Yanis et Laetitia sont en charge d'animer les réseaux en interne.

Lors des réunions de suivi des projets, chaque binôme expose où il en est et n'hésite pas à soulever ses difficultés, ses doutes, à partager ses erreurs et solliciter les autres membres de l'équipe pour obtenir un ressenti des situations, des suggestions, des conseils, un partage d'expériences. André veille à ce que chacun puisse s'appuyer sur les autres sans jugement et dans un esprit de codéveloppement, au service des projets et de la réussite collective.

Quelles compétences managériales et quels écueils ?

> Vous considérer comme un être unique et regarder l'autre comme tel, en orientant votre regard vers ce que l'autre a de meilleur.

> Vous confronter aux aspects les plus vulnérables, les plus sensibles de vous et de chacun.

> Savoir organiser et activer des sous-groupes en fonction de thématiques et d'enjeux au service d'une œuvre plus grande.

> Faire appel autant à l'intuition qu'au raisonnement pour créer du neuf utile.

Bien entendu, n'oublions pas les écueils que ce système du « Nous d'alliances » pourrait engendrer. Nous en avons identifié deux.

> Imaginer que ce système est opportun alors qu'il est incompatible avec les situations qui nécessitent une évaluation ou une compétition entre membres, car les bases des principes de confiance n'y sont pas applicables.

Yanis est préoccupé, les résultats de son laboratoire sont moins bons que prévu. Il dirige une équipe de trois chercheurs basés à l'étranger. Il cherche à reproduire ce qu'il a vécu avec André, son patron, et propose à chacun une réunion pour partager et s'appuyer sur la diversité des chercheurs. Il n'y a pas d'émulation collective entre les chercheurs. On oscille entre indifférence et consensus « mou ». Sauf que, quatre mois plus tard, l'axe stratégique est toujours au point mort et aucun progrès n'est réalisé sur l'affectation des ressources scientifiques à un niveau national. Laetitia a une autre vision des choses. Elle dirige une équipe de quatre personnes et estime que chacun devrait proposer individuellement un projet ambitieux avec des estimations de budgets et de répartition des ressources. « Que la meilleure équipe gagne ! Nous n'avons plus de temps à perdre. »

> Ignorer la tendance à une stabilité qui ne va pas manquer de s'installer sur le long terme, par exemple la délégation permanente d'une tâche ou d'une mission à la même personne dans l'équipe (la personne qui a

une écriture lisible prendra toujours les notes au *paper* durant la réunion). Ce management s'appuie sur la spontanéité émergente. Mettre de la stabilité reviendrait au système du « Nous d'appartenance » qui se caractérise par sa structure donnant une place stable et définie à chacun. Or, dans ce système, la place et le rôle de chacun sont mouvants, dynamiques.

André est fier de l'organisation qu'il a mise en place et qui fonctionne bien. Il a délégué à son équipe plusieurs de ses tâches et il commence à savourer cette stabilité. Pour les nouveaux projets, André ne souhaite rien changer aux binômes et à son niveau de délégation, ce qui ravit certains qui aiment travailler ensemble et en frustre d'autres qui ont l'impression de ne plus pouvoir changer ni de projets, ni de collègues. Leurs idées se tarissent, ils commencent à trouver redondant ce qui auparavant aiguisait leur curiosité.

Si vous avez ces compétences, vous permettez à chacun de prendre des décisions qui impactent l'autre ou engagent le collectif. Et cela sans craindre d'être maltraité ou que ce pouvoir, cette autonomie, l'éloigne de l'autre.

Comment préserver les avantages de ce système et en sortir dès que nécessaire ?

Dans ce système, tout se passe comme si nous étions invités à exercer toujours plus consciemment notre capacité d'ouverture à l'autre en lui laissant encore plus d'espace pour se révéler à lui-même. Il va donc être difficile de lâcher ce système où le mouvement est continu, où chacun se développe à travers l'autre grâce à l'espace qui lui est donné. Quitter ce système lorsqu'il n'est plus adapté à votre contexte vous demandera autant d'agilité à dissoudre les alliances qu'il vous en a fallu pour les créer.

Pour ce faire vous serez vigilant à :

> rappeler le cap ou attirer l'attention sur une situation imprévue qui demande un nouveau style de contribution. Vous permettrez ainsi que chacun puisse lâcher son confort particulier en tant qu'individu dans ce « Nous d'alliances » pour accepter d'aller aussi nourrir les nouveaux besoins du collectif face à un enjeu différent ;

> faire prendre conscience que trop d'activisme ou de génération spontanée de vos équipes peut faire perdre en assurance par manque de stabilité ;

> mettre ou remettre de la stabilité à travers une structure qui facilite le « faire ensemble ».

Nous avions parlé, au début de ce chapitre, d'un espace au cœur de ces six systèmes, sans le nommer sur le premier diagramme. Voici le moment venu de vous le dévoiler...

L'espace de l'agilité managériale

Au cœur de notre diagramme se trouve l'agilité managériale, la capacité de s'adapter et d'ajuster son mode d'interaction à l'évolution de l'environnement et des équipes. Il s'agit pour le manager de discerner les changements de contexte, la spécificité de ce qu'ils demandent et d'identifier les besoins de l'équipe pour s'y ajuster en continu. Ainsi vous engagerez toute la diversité de l'équipe pour qu'elle puisse agir, prendre des risques, partager, créer, innover dans chaque situation particulière.

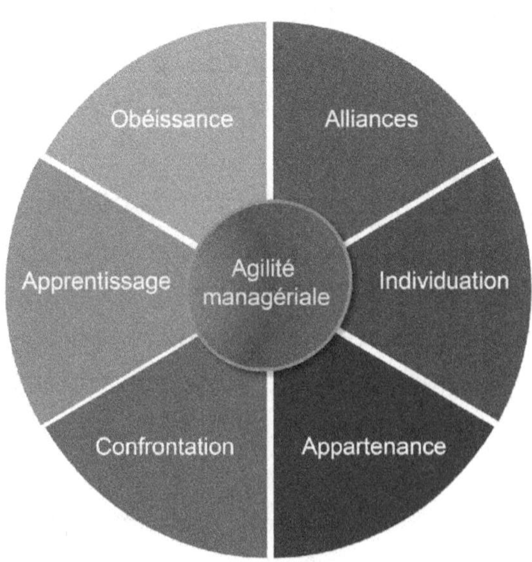

Figure 9.2

> **La performance, ici, viendra de votre capacité à arbitrer entre les six systèmes de « Nous » que nous venons de passer en revue.**

Pour quoi l'agilité managériale est-elle au cœur de tous les systèmes ? Quels sont les bénéfices attendus par le management ?

Vous avez appréhendé la spécificité de chaque système. Votre agilité à choisir, à utiliser puis à lâcher un système sera clé pour manager dans l'incertain, saisir toutes les opportunités du présent et mobiliser en permanence la diversité du collectif.

> Elle permet une performance optimale en réinventant en permanence l'interaction adéquate parmi les six systèmes, en tenant compte de la situation.

> Elle développe la flexibilité de l'équipe dans le passage d'un mode d'interaction à un autre au-delà de ses préférences naturelles et augmente sa capacité à mettre en conscience ce qu'elle fait déjà sans s'en rendre compte.

> Elle renforce la capacité à accueillir l'inconnu, l'inattendu.

Quelles compétences managériales pour ce système spécifique

> Capacité à choisir consciemment quand entrer dans un des systèmes et quand en sortir. C'est-à-dire rester vigilant aux changements trop rapides de systèmes et savoir en quitter un, qui peut être devenu confortable mais n'est plus efficace. En explicitant votre choix, chacun se sentira entendu et pourra comprendre ce qui vous a amené à retenir ce système particulier de la boussole du Nous.

> Capacité à vivre les critiques positivement et à accepter la frustration. Les équipes peuvent en effet ressentir de la frustration et critiquer le système choisi, le maintien dans un des systèmes ou au contraire le renoncement nécessaire à un système pour en changer. Vous aurez à assumer que, malgré toute la conscience mise à faire votre choix, il n'y a pas de bonne ou de mauvaise interaction mais une interaction qui dans le contexte donné sera la plus adaptée, pour maintenir la performance collective.

> Capacité à garder le cap sur l'objectif de transformation profonde en étant à la fois centré sur vous, sur le contexte présent, sur les besoins plus profonds du collectif et sur le projet d'avenir qui le mobilise.

Avec ces compétences, vous saurez tirer le maximum de la diversité de votre équipe. La mosaïque des différences qui la composent, en se confrontant, en se complétant, sera source de créativité dans chaque instant. Et l'expression de cette créativité sera elle-même à l'origine de l'innovation.

Tableau de bord – Diversité, management et performance

Type d'interaction entre les personnes	Avantages	Écueils	Type de management requis	Et la performance, dans tout ça ?
Obéissance	La soumission La rapidité d'alignement	Avoir des œillères Abus	Management coercitif	Savoir agir dans l'urgence et dans l'unité.
Apprentissage	La discipline Le partage des « sachants »	Renoncer à être force de proposition Imposer son savoir	Management de l'expertise	S'enrichir du savoir d'autrui en ayant accepté qu'il soit plus expert que soi sur un sujet précis.
Confrontation	La critique Faire cohabiter toutes les réalités Travail des polarités	Freiner sur tout à force de s'opposer Entrer dans un rapport de force	Management confrontant	Dénicher une « pépite » dans des échanges en ayant su s'ouvrir à toutes les idées sans juger.
Appartenance	La ressemblance Le dénominateur commun	Perdre toute originalité enrichissante	Management affiliatif	Déployer le meilleur de soi grâce à un cadre ferme et fiable sur lequel s'appuyer.
Individuation	La différence assumée	Agir au mépris du collectif Égotisme	Management de la divergence (ou de la différenciation)	Combiner les atouts de chacun.
Alliances	La démultiplication	Se disperser et perdre l'objectif de vue	Management de la spontanéité émergente	Devenir plus créatif et innovant en cultivant une souplesse relationnelle et intellectuelle.
L'espace de l'agilité managériale	L'ajustement permanent	Ne plus savoir décider à bon escient S'ajuster trop vite ou trop lentement	Management situationnel	Choisir le mode relationnel le plus adapté à ce qu'impose la situation, avec discernement et agilité.

CONCLUSION

Aujourd'hui, l'entreprise doit en permanence se réinventer pour s'adapter. C'est à ce prix qu'elle sera performante. La performance telle que nous l'entendons s'inscrit dans le long terme et dans chaque instant. C'est une performance qui tient à rester enracinée dans le respect profond des ressources humaines, jamais des ressources inhumaines ou déshumanisées. Rappelons les trois grandes idées associées à la performance humaine et soutenable.

> Dans l'axe de la continuation, le monde du connu, construire la confiance est déterminant. L'entreprise a tendance aujourd'hui à prioriser le changement or, pour oser la continuation, pour évoluer, il vous faut prendre le risque de l'immobilisme.

> Dans l'axe de la modification, le monde de l'inconnu, vous vous appuyez sur les réactions de vos collaborateurs pour les engager dans un changement en profondeur. Pour oser la modification, se réinventer, il vous faut prendre le risque de l'impossible retour.

> Dans l'espace de transformation, l'agilité managériale vous permet d'accueillir la diversité, d'en tirer toute la richesse en osant vous ajuster de façon dynamique à chaque situation.

Bien sûr, il y a de la pression, des délais, des niveaux d'exigence, du stress. C'est pourquoi nous vous invitons à prendre du recul sur votre posture et votre pratique en veillant à la notion d'écologie. L'écologie comme l'art de prendre soin de vous et par conséquent de l'énergie positive de vos équipes. Pour ce faire, plusieurs processus d'accompagnement, individuels ou collectifs sont à votre disposition. Pour n'en nommer que quelques-uns, vous pouvez vous appuyer sur le coaching individuel ou le coaching d'équipe, le codéveloppement ou la supervision de pratiques managériales. N'hésitez pas à vous informer sur ces dispositifs. « Soutenable » n'est pas un vain mot. C'est un défi et c'est le secret pour réussir sans avoir à déplorer un délitement de vos ressources.

Adopter une posture de manager désireux de porter cette performance, c'est se donner toutes les chances de créer une équipe performante dans la durée. Cela passe par l'harmonisation de facteurs internes (vos équipes, votre hiérarchie, votre connaissance de vous-même et de votre style managérial...) avec des facteurs externes éminemment liés à l'environnement où vous devez déployer vos activités. Nous sommes convaincus que ce modèle de performance humaine et soutenable fait partie de ceux qui permettent ces articulations souvent périlleuses et pluridimensionnelles et surtout qui parviennent à insuffler dans les organisations l'énergie de l'avenir et de la croissance.

Peut-être pensez-vous que nous sommes emplis d'espoir dans un monde pourtant dur ? Oui, nous y croyons, parce que nous voyons tous les jours que même les patrons ou managers en difficulté peuvent devenir des leaders d'équipes performantes de façon soutenable. Toutefois, cela demande d'avoir le courage de se remettre en question et d'y consacrer du temps, un temps de travail dédié au fonctionnement de l'équipe.

Toutes les équipes performantes ont en commun des dirigeants et des managers qui ont...

> *le courage* d'oser se remettre en question sur un plan personnel pour mieux se comprendre et, ainsi, mieux comprendre comment agissent les autres autour d'eux et avec eux ;

> *le charisme* suffisant pour défendre leur conviction qu'il est possible de rester performant en continu sans sombrer dans l'ennui, ni se laisser malmener par des désillusions ;

> *la conscience* aiguë des changements qui prévalent selon qu'ils soient « de niveau 1 » ou « de niveau 2 », chacun dictant des postures managériales spécifiques que nous avons développées ;

> *l'ouverture d'esprit* pour accueillir la diversité au sens où nous l'avons présentée, à savoir l'enrichissement par les différences qui conduit à des perspectives créatrices et innovantes ;

> *l'humanisme* nécessaire pour agir et faire agir dans le respect de l'écologie de chacun, en sachant engager tout le monde quel que soit le rythme qui s'impose : parfois dans un effet « coup de feu » et, en d'autres circonstances, dans un élan sur le long terme, comme s'il y avait des temps de sprint et des temps de marathon.

Enfin, vous avez sans doute remarqué que nous nous sommes adressés autant à vous, manager, qu'à vous, dirigeant. Conscient de la différence de vos responsabilités, nous croyons néanmoins que ce livre s'adresse à vous tous. Dirigeant et manager, vous avez tout autant le droit de souhaiter profondément influencer votre organisation. Et, au cas où vous vous trouveriez trop limité ou prétentieux, souvenez-vous de cette phrase du dalaï-lama : « Si vous pensez que vous êtes trop petit pour changer quelque chose, essayez donc de dormir avec un moustique dans votre chambre… »

REMERCIEMENTS

Dans cet ouvrage, il a été question de confiance, de qualité de vie au travail, de préservation de nos ressources personnelles et collectives, de changement, de modes décisionnels, de types d'autorité, de désir, de transformation, d'accueil, de diversité...

Ces mots derrière lesquels s'organisent une série de concepts et d'actions, d'idées et d'attitudes, reflètent toute l'aventure humaine de Trajectives qui a pu voir le jour grâce à mon association avec Françoise Lesaicherre. Je tiens à la remercier pour son soutien et sa collaboration durant toutes ces années. Nous avons porté ces mots ensemble auprès des différentes communautés de Trajectives et des clients qui nous ont permis de célébrer nos dix ans et de nous projeter dans l'avenir.

Je tiens également tout particulièrement à remercier mes collègues Anne-Sophie Colemont, Marie-Pascale Martorell et Pascale Vénara de leur contribution à l'écriture de ce livre, leur engagement à en faire un ouvrage toujours plus accessible. Nombre d'apports pragmatiques et de vignettes sont issus de leur expérience.

En amont comme en aval de l'écriture, j'ai pu m'appuyer également sur mon éditrice, Marguerite Cardoso. Merci à elle de m'avoir aidé à identifier ce qui serait pertinent de partager avec le lecteur.

Enfin, merci à vous toutes et tous qui nous avez suivis dans ce voyage à travers notre vision d'une performance humaine et soutenable. J'espère que cet ouvrage vous aura inspiré et apporté de nouveaux outils dans vos environnements professionnels.

Les dirigeants et managers avec lesquels j'ai eu l'occasion de travailler m'ont confirmé combien leur rôle est clé pour porter cette performance soutenable.

Grâce à eux, grâce à leurs équipes, elle ouvre sur des enjeux passionnants pour chacun.

Laurent Oddoux

TABLE DES MATIÈRES

Imprimé en Allemagne par BoD

Dépôt légal mars 2017